Dínos Dimópoulos

Die kleinen Delphine vom Amwrakikós

Roman

Aus dem Griechischen von
Brigitte v. Seckendorff-Kourgierakis

Der KinderbuchVerlag Berlin

Für meinen Sohn Chrístos

Ein kurzes Vorwort

Die Geschichte, die in diesem Buch erzählt wird, fand vor langer Zeit bei uns in Griechenland statt. Irgendwann zwischen 1925 und 1930. Also in einer Zeit, die völlig anders war als die unsere. So wirkt die Geschichte in vielen Punkten schier unglaublich, weil sie nicht mit unserer Art und Weise zu leben und zu denken übereinstimmt. Dennoch ist es gut möglich, dass sich das, was ihr lesen werdet, tatsächlich so abgespielt hat.

Schwierige Jahre damals. Für alle. Aber noch schwieriger für die Kinder. Natürlich nicht für die Kinder der Hauptstadt Athen, sondern für die Kinder in der rückständigen Provinz. Damals gab es nicht so viele unterschiedliche Spielsachen wie heute, keine elektronischen Wunderdinge, keine Gameboys, Fußbälle, Erdnussflips, Sommerurlaub, Flug- und Bahnreisen, all diese schönen und glänzenden Dinge, die Kinder heutzutage haben und über die sie sich freuen.

Damals war der Vater der Herr im Haus. Selbstverständlich liebte er seine Kinder, hatte aber spezielle Ansichten über ihre Erziehung. Ich erinnere mich gut daran, dass mich mein Vater mit dem Riemen verdrosch, wenn ich ungezogen war. Im Wiederholungsfalle band er mich sogar im Hof an einen der Maulbeerbäume und ließ mich dort stundenlang ohne Essen und Trinken stehen. So etwas beschreibe ich im Buch nicht. Trotzdem kann ich nicht behaupten, dass es nicht vorkam oder mein Vater mich nicht geliebt hat.

In der Schule standen die Dinge auch nicht besser. Der Lehrer besaß dieselben Rechte wie der Vater. Hatte ich meine Aufgaben nicht gemacht, bestrafte er mich mit Schmerzen, indem er mir wütend beide Ohren verdrehte oder mich an den Haaren zerrte. Wenn ich dann wieder unvorbereitet zum Unterricht kam, gab es Schläge auf die Handrücken. Fünf Schläge auf jede Hand. Manchmal auch zehn. Ich weinte, aber konnte mich bei niemandem beklagen. Auch so etwas beschreibe ich im Buch nicht. Trotzdem kann ich nicht behaupten, dass es nicht vorkam oder mein Lehrer mich nicht gemocht hat.

Eine andere Zeit, andere Vorstellungen, andere Gewohnheiten. Die Armut war groß und auch die Unwissenheit, zumindest in jener Gegend, in der die Helden unseres Buches ihre Kindheit verbringen. Und Krankheiten wie die Malaria, die reichlich Ernte hielt, waren allgegenwärtig. Es gab weder eine staatliche Wohlfahrt noch Sozialversicherungen. Es wurden auch weder die Sümpfe trockengelegt, noch hatte die Wissenschaft Chemikalien wie DDT entwickelt, um die Moskitos auszutilgen. Weder Penizillin noch Streptomyzin schützten die Menschen vor Tuberkulose, der viel gefürchteten Schwindsucht.

Die Felder wurden noch mit dem Pflug bestellt, nicht wie heute mit Hilfe von Traktoren, statt elektrischem Licht benutzte man in den Dörfern Öllämpchen oder Petroleumlampen, Viehdiebstähle und Raubüberfälle waren an der Tagesordnung. Doch am allerschlimmsten waren auf dem Land nicht Armut und Entbehrung, sondern Unwissenheit und Rückständigkeit. Die meisten Menschen dort hatten keine Bildung, denn es gab kaum Schulen, kaum Bücher. Bildung war das Privileg weniger, und alle übrigen verharrten zwangsweise im Dunkeln. Aberglaube und Angst waren die Folge.

Aber auch damals gab es Kinder, so wie es sie heute gibt und wie es sie immer geben wird. Kinder, Hoffnung und Segen dieser Welt. Kinder, die mit ihrer Sprache, ihrer reichen Phantasie, ihren hübschen Streichen und vor allem ihrer unerschöpflichen Liebe für ihre Mitmenschen alles beiseite schieben, Sozialversicherung, staatliche Wohlfahrt, Dunkelheit, Aberglauben und Ängste, und so für unsere Phantasie lichte Wege auftun. So wie das auch die bezaubernden „kleinen Delphine vom Amwrakikós", Pétros und Anthúla, die Helden unseres Buches, tun. Es lohnt sich auch für Erwachsene, sie bei ihren erfrischenden, fröhlichen, anrührenden und unglaublichen Abenteuern zu begleiten. Etwas können auch wir dabei lernen.

Dínos Dimópoulos

Inhalt

1. Kapitel

Eine Schiffbrüchige in Kochíli

Einst lebte in dem Küstendörfchen Kochíli am Ende des großen Meerbusens Amwrakikós ein kleiner Junge, der Pétros hieß.
Damals – nämlich vor ungefähr siebzig Jahren – diente Kochíli dem nordgriechischen Landesteil Ipiros und seinen vom Meer abgelegenen Städten und Dörfern als Hafen und Handelsknotenpunkt. Es gab weder breite Straßen für riesige Lastwagen mit Anhängern noch moderne Busse für die Reisenden. Der ganze Waren- und Personenverkehr lief übers Wasser. So kam dreimal in der Woche ein Schiff aus Piräus nach Kochíli und am Kai war dann der Teufel los. Die Mannschaften gingen an Bord ihrer großen Boote, auf denen sich Passagiere nach Préwesa, Lefkáda und Piräus drängten. Sie fuhren zu dem weit draußen ankernden Schiff, das nicht an der Mole anlegen konnte, weil das Wasser dort zu flach war. Auch die Mannschaften der Lastkähne, Seite an Seite mit den Booten, taten ihr Bestes, um schnell zum Schiff zu gelangen. Doch ihre Kähne waren zu langsam, weil sie völlig überladen waren. Zur selben Zeit zerrten die Lastträger ihre Loren über die Gleise, um die Waren für das Zollamtslager zu übernehmen. Weiter drüben warteten zwei- und vierrädrige Karren in Reih und Glied auf ihre Fracht, und die fest angeschirrten Pferde schlugen mit ihren Schweifen hin und her, um die Fliegen zu verscheuchen. Viele

Leute waren an die Mole gekommen, um Angehörige zu verabschieden oder zu empfangen.
„Aufgepasst", brüllten die Lastträger, während sie ihre Loren schoben, „passt auf eure Füße auf!"
„Stopp", schimpften die Matrosen, weil alle Passagiere auf einmal ins Boot wollten, „hier kann niemand mehr rein, sonst gehen wir unter."
Um sich die Arbeit zu erleichtern, sangen alle Männer, die die großen Lastkähne ruderten, gemeinsam im selben Rhythmus: „He-hop! He-hop!"
Vor dem Zollamt warteten die beiden Zollbeamten in Uniform und Mütze darauf, die Waren zu verzollen. Das Stimmengewirr schwoll an, es roch nach Schweiß und Mehl, nach Pferdeäpfeln und Seegras. Vom Schiff wehte diese seltsame Geruchsmischung aus Ruß und Ölfarbe herüber, die Pétros ganz trunken machte. Schweigend stand er neben den Beamten und sah zum Schiff hinüber. Er sah den Rauch in sonderbaren Formen aus dem Schornstein kommen, als Bäume, Vögel, Menschen oder Drachen zum Himmel aufsteigen, sich schnell auflösen und wieder neue Formen bilden.
Pétros kannte alle Schiffe, die nach Kochíli kamen. Die „Nawkratússa" mit ihren zwei Schloten, die „Pílaros" mit dem Stern auf dem Schornstein und die „Aris" mit blauen und roten Streifen. Er wusste auch, an welchem Tag und um wie viel Uhr sie eintrafen, und rannte immer, egal wo er gerade war, als einer der Ersten zur Mole. Dort wartete er und schaute unverwandt in die Richtung, wo der Amwrakikós durch einen schmalen Wasserarm mit dem Meer verbunden war. Von dort musste das Schiff kommen. Wenn es dann um das Kap bog, begann sein Herz schneller zu schlagen.

Zunächst nur als Punkt zu erkennen, dann mit Rauchfahne, wurde es nur langsam größer, bis es endlich die Gestalt eines Schiffes annahm.
„Die Nawkratússa!“, sagte Pétros dann oder „die Aris“ oder „die Pílaros“ – je nachdem eben.
Wenn dann mehr Leute kamen, Lärm, Verkehr und Geschrei zunahmen, verzog er sich hinüber unter die zwei hohen Tamarisken. Von dort aus wollte er den Zauber der Stunde in Ruhe genießen und sich das bunte und lärmende Volkstreiben ansehen.
An der einen Seite des Schiffes wurde eine Treppe herabgelassen und mit Koffern beladene Menschen kletterten hinunter. Andere schleppten Körbe, aus denen Hühner mit dem Kopf nach unten hingen, weil ihnen die Füße zusammengebunden waren. Einige Passagiere lehnten an der Reling und grüßten ihre Angehörigen am Kai. Ununterbrochen entluden die Winden die Lastkähne, die am Schiff angelegt hatten, und Pétros hörte die auffordernden Rufe der Seeleute von den Lastkähnen hinauf zum Schiff: „Hiev auf!“, „Halt ein!“, und „Halt fest!“
Schließlich stiegen alle, die aus Piräus, Lefkáda und Préwesa kamen und nach Arta, Filippiáda und Jánnena unterwegs waren, mit ihren Paketen und duftenden Weißbrotkringeln die Schiffstreppe hinunter. Die Stufen und das Geländer waren mit bronzenen Streifen aus dickem gedrehtem Seil verziert. Während die Leute in die Boote stiegen, sahen sie hinüber zur Mole, ob sie dort Verwandte oder Freunde ausmachen konnten. Die Frauen, mit ausladenden Hüten auf dem Kopf, schleppten Pakete und Schachteln, und die Männer halfen ihnen galant an Land. Pétros beobachtete, wie die Sachen dann auf die

wartenden Karren geladen wurden und die Leute hinaufstiegen; dann fuhren die Karren zu den abgelegenen Dörfern und wirbelten hinter sich eine Staubwolke auf.
Die Betuchten nahmen sich Einspänner, und die Angeber ließen Dúlas Karanássos mit seinem achtsitzigen Chevrolet, Baujahr 1919, aus Arta rechtzeitig zum Ausbooten an die Mole kommen.
Während sich die Menschenmenge im Sommer am Kai verlief und die Lastkähne ihre Fracht löschten, sprangen die Jungen aus Kochíli ins Wasser und schwammen gleich Fliegenden Fischen mit großen Zügen zum Schiff. Sie kletterten an Deck und tauchten von dort aus nach den Zehnern, die ihnen die Passagiere ins Meer warfen. Mit dem Geldstück im Mund kamen sie an die schaumige Oberfläche, und die Passagiere warfen ihnen aus Spaß noch mehr ins Wasser, sodass die Jungen eifrig weitertauchten.
Pétros hatte sich zunächst nicht an diesem Spiel beteiligen wollen, weil er es für Bettelei hielt. Aber im Lauf der Zeit hatte er seine Meinung geändert, weil sein Leben ein großartiges Ziel bekommen hatte. So tauchte auch er seit letztem Sommer mit den anderen Jungen nach Zehnern und hatte schon ganze siebzehn Drachmen auf die hohe Kante gelegt. Immerhin warfen die Leute auch mal einen Fünfziger ins Wasser. Er hatte sich ausgerechnet, dass er in zwei, drei Jahren genügend Geld zusammenhaben würde, um seinen großen Traum, eines Tages als richtiger Passagier mit Fahrkarte und Koffer auf einem Schiff mit zwei Schornsteinen wie die „Nawkratússa" über das weite Meer zu fahren, zu verwirklichen. Dann würde er endlich Préwesa und Lefkáda hinter dem Kap zu Gesicht bekommen, könnte vor allem das ferne Piräus und die

mächtigen Ozeanriesen mit sogar vier Schornsteinen sehen. Außerdem den elektrischen Zug, der von alleine fuhr und nicht von Lastenträgern geschoben werden musste, und in Athen das Theseum, die Akropolis, das Zapion und das Museum, das Schloss und den Königlichen Park. Wenn er seine Ungeduld, unbedingt nach Piräus zu fahren, zügeln und noch drei, vier Jahre mit der Taucherei Geld verdienen würde, könnte er sich eine Fahrkarte für die ganz große Reise leisten. Sein Traum, den er sich kaum eingestand, war die zweiundzwanzigtägige Reise auf einem jener Ozeanriesen mit vier Schornsteinen über den Atlantik nach Amerika. Nach New York!

„Ach, Panajítsa, meine Madonna!“, sagte Pétros und rannte in Richtung Leuchtturm los, als gäbe es hier keinen Platz für ihn.

Hinter Kochíli zog sich das ganz flache Land ohne Erhebung, ohne Mulde, weit hinaus, bildete eine Zunge von zwei Kilometern Länge und etwa hundert Metern Breite. Links war sie begrenzt von dem Wasser des Amwrakikós und rechts von dem tiefen Fluss Wuwós, der im Gebirge am Arachthos entsprang. Die Landzunge lag nicht höher als der Meeresspiegel und wurde im Winter, wenn es regnete, eins mit dem Wasser, über das nur die Tamarisken hinausragten. Am Ende der Landzunge war ein Leuchtturm gebaut worden, damit die Fischer und Seeleute sich nicht verirrten.

Pétros rannte aufgeregt dorthin, und weil der Leuchtturmwärter Kapitän Melétis nicht da war, die schmale, gewundene Steintreppe hinauf und hinaus auf die kleine, von einem Geländer umgebene Terrasse. Er übernahm das Steuerruder und gab geschäftig Anweisungen.

„Hievt die Anker!“, schrie er, so laut er konnte.
„Schürt die Kessel!“
„Maschine Marsch!“
„Ruder zwei Grad steuerbord.“
Es folgten noch andere Befehle, die er von Kapitän Melétis oder dem pensionierten Kapitän Anéstis drüben in Dermánis' Kaffeehaus gehört hatte, wenn der mit anderen alten Seeleuten aus Kochíli in Erinnerungen schwelgte.
Pètros machte von der kleinen Leuchtturmterrasse aus weite Reisen über alle Meere und Ozeane, von einem Schwarm Möwen begleitet. Entweder verließen sie das Mittelmeer durch den Suezkanal und steuerten zum Indischen Ozean oder durch die Meerenge von Gibraltar in Richtung Azoren.
Pétros wollte nicht auswandern wie sein Onkel, der Bruder seiner Mutter, der in Boston Wurzeln geschlagen und nie wieder etwas von sich hatte hören lassen. Er wollte die ganze Welt und die Menschen kennen lernen, wollte in all die entfernten Gegenden reisen, von denen ihm der Leuchtturmwärter Kapitän Melétis merkwürdige Dinge erzählte, und über seine Erlebnisse für seine Landsleute Bücher schreiben.
Wo war der Kapitän nicht schon gewesen, was hatten seine Augen nicht alles gesehen. Bis spät in die Nacht saßen beide oben auf der kleinen Leuchtturmterrasse, wenn der Scheinwerfer in Betrieb war. Kapitän Melétis steckte sich seine Pfeife an, bevor sie ihre Zauberreisen unternahmen. Pétros hörte merkwürdige Wörter wie Afrika, Australien, Neuseeland, Hongkong und Wladiwostock, Schmuggel, Piraten, Geheimaufträge, Schiffbruch, verborgene Schätze. Kapitän Melétis erzählte Wirkliches und Phantastisches,

und Pétros sperrte Mund und Augen weit auf, fragte nach, um diese magischen Bilder ganz aufnehmen zu können. So kannte er sich für sein Alter schon recht gut in Geographie, Geschichte und Mythologie aus und lernte alles, was Kapitän Melétis erzählte, sofort auswendig, sowie er es hörte. Also kannte er den berühmten Herakles, der schon als Säugling in der Wiege Schlangen erwürgt und dann als Erwachsener das Ungeheuer mit den sieben Köpfen, die Lernäische Hydra, getötet hatte. Er kannte Ödipus, der Theben von der Sphinx befreit, und Theseus, der das Stierungeheuer Minotaurus getötet hatte. Auch Odysseus war ihm bekannt und seine Erlebnisse mit den Kyklopen, mit Skylla und Charybdis, mit Kirke und den Sirenen. Pétros war traurig darüber, dass Odysseus für seine Heimreise nach Ithaka, wo seine Frau Penelope schon lange auf ihn wartete, zehn Jahre brauchte.
Kapitän Melétis zeichnete Landkarten auf die Erde und zeigte ihm alles: Also, hier ist Amerika, hier ist Asien, und das hier ist der Suezkanal, das hier Gibraltar. Pétros wurde des Fragens nicht müde und nicht der Antworten. Nur die Frage nach dem Alphabet, das Pétros so gerne lernen wollte, konnte ihm der arme Kapitän Melétis nicht beantworten, da er nie in die Schule gegangen war. Aber was machte das schon in Anbetracht seines sonstigen schönen und großartigen Wissens, das Pétros allein beim Zuhören verzauberte? Er wollte auch in diese unbekannten Länder, so fremdartig und entlegen, reisen. Er wollte dort erfahren, mit was die Kinder in Afrika, Asien, Australien, Amerika und in Europa spielten. Auch wollte er ihre Sprachen lernen, um ihnen zuzuhören, wenn sie sich über ihr Leben, ihre Schulen, ihre Lehrer unterhielten und darüber, was sie

einst werden wollten. Oben auf dem Leuchtturm führte er ein lautes Selbstgespräch mit Fragen und Antworten. Wer sollte ihn in dieser Einsamkeit schon hören?
„Ich? Was werde ich? Ich werde Reisender. Vorwärts! Mit voller Kraft voraus ... Schürt die Kessel!“
Er ahmte die Maschinen nach, wenn sie unter Dampf stehen: „kr ... kr ... kr ... kr ...“, und dann mit zusammengekniffenen Lippen dreimal die Schiffe, wenn sie im Nebel tuten: „wwwpp ... wwwpp ... wwwpp!“
„Was ist ein Reisender?“, fragte er sich kurz darauf selbst. „Ein Reisender ist ein Reisender, ganz einfach. Wwwpp! Wwwpp! Ruder zwei Grad steuerbord! ...“
Er hielt das Steuerruder ganz fest, weil um diese Jahreszeit auf den Meeren, auf denen er heute reiste, so plötzlich Stürme aufziehen konnten, wie gestern das Unwetter, das Kochíli überschwemmt und das ganze Land vom Dorf bis zum Leuchtturm unter Wasser gesetzt hatte. Von hier oben, wo Pétros stand und hinunterschaute, sah es wirklich so aus, als stünde der Leuchtturm mitten im Meer.
„Geschwindigkeit fünf Meilen!“, rief er, weil er einen Moment Angst hatte, auf Grund zu laufen.
Da hörte er von unten, vom Meer her, eine Stimme.
„He! ... Was machst du da oben?“
Er blickte hinunter und sah ein kleines Mädchen.
„Ich reise“, antwortete er voller Ernst.
„Wohin?“
„Zu den Philippinen“, sagte Pétros stolz.
Das kleine Mädchen trug keine Schuhe und ihr Kleid war nass. Sie war wohl beim Rennen in eine Pfütze gefallen.
„Bist du schiffbrüchig?“, fragte Pétros; sie war wirklich pudelnass.

„Was bedeutet schiffbrüchig?“, fragte sie.
„Dass dein Schiff untergeht und du gerettet wirst.“
„Dann bin ich schiffbrüchig“, sagte das Mädchen und lachte, weil ihr der Gedanke gefiel, schiffbrüchig genannt zu werden.
„Warte, ich komme und rette dich!“, sagte Pétros ernsthaft und warf ihr den Flaschenkürbis hinunter, den der Leuchtturmwärter Kapitän Melétis hier oben dazu benutzte, um Wasser daraus zu trinken.
„Was ist das?“, fragte das Mädchen.
„Ein Rettungsring! Halt ihn gut fest, damit ihn die Wellen nicht mitnehmen ...“
Pétros verließ das Ruder, lief schnell die Wendeltreppe des Leuchtturms hinunter und trat durch die Tür hinaus ins Wasser.
Das Mädchen hielt den Flaschenkürbis und wartete. Pétros watete durchs Wasser zu ihr hin.
„Komm“, sagte er und streckte die Hand aus.
Sie gab ihm ihre Hand und Pétros zog sie zu sich heran.
„Du hast Glück gehabt, dass ich die Geschwindigkeit gedrosselt hatte, als ich dich bemerkte. Wer weiß, welcher Haifisch dich jetzt verschlungen hätte.“
„Gibt es hier Haifische?“
„Na, und ob!“
Sie stiegen die schmale Steintreppe hinauf. Voran Pétros, der sich hier auskannte, dicht gefolgt von dem Mädchen an seiner Hand. Sie traten auf die kleine Terrasse des Leuchtturms.
„Ist das ein Schiff?“, fragte das Mädchen und blickte einmal rundum.
„Siehst du das nicht?“

„Na, klar“, sagte sie und sah ihm verschmitzt in die Augen. „Deins?“
„Natürlich meins!“
„Kapitän?“
„Ja.“
„Wo ist deine Mütze mit den goldenen Streifen?“
„Die hat der Sturm mitgenommen.“
„Zum ersten Mal sehe ich einen Kapitän ohne Mütze.“
„Ich habe dir doch gesagt, dass wir in einen Sturm geraten sind. Außerdem bin ich nicht nur Kapitän.“
„Was bist du denn noch?“
„Ich bin auch Reisender.“
„Was bedeutet *Reisender*? Ohne Mütze?“
Er setzte sich hin und erklärte, was *Reisender* bedeutet. Sie hörte zu. Dann überlegte er, ob er sie nun ausfragen sollte. Nicht, weil er nicht wusste, wer das Mädchen war. Sie war die Tochter des neuen Zollamtsvorstehers, Herrn Dríwas, der mit seiner Familie am letzten Mittwoch nach Kochíli gekommen war. Er wusste nicht, wie sie hieß, und wollte es auch gar nicht wissen, weil sie sich die ganze Woche über hochnäsig und unnahbar aufgeführt hatte und sich nach niemandem im Dorf umgedreht hatte. Nur weil sie die Tochter des Zollamtsvorstehers war. Sollte er sie also zuerst ansprechen? Weil sein Vater nur einfacher Zollbeamter war? War sie überhaupt schon sechs? Er wurde schließlich im Oktober schon acht und kam im September in die Schule. Er kannte sich in der Geographie der ganzen Erde aus, der fünf Kontinente, der Kanäle, der Ozeane, in allem, was er von dem Leuchtturmwärter, Kapitän Melétis, gelernt hatte. Er konnte rechnen, zusammenziehen und abziehen – auch das hatte ihm Kapitän Melétis beigebracht – und außerdem …

„Wie heißt du?“, fragte ihn das Mädchen.
„Pétros.“
„Wo soll ich den Rettungsring hintun?“
„Lass ihn auf der Steinbank.“
„Er ist kaputt.“
Der Flaschenkürbis hatte ein großes Loch und einen noch größeren Riss. Pétros bedrückte das, weil Kapitän Melétis ihn sicher ausschimpfen würde. Aber er ließ sich nichts anmerken. Er schaute die Tochter des Zollamtsvorstehers mit ihren zwei pitschnassen Zöpfen an. Wie komisch sie aussah!
„Und du?“, fragte Pétros.
„Wie ich heiße?“
„Ja.“
„Anthúla.“
„Wie bist du hierher geraten?“
„Ich suche Nester.“
„Was für Nester?“
„Von Seeschwalben.“
„Dafür ist es nicht die richtige Jahreszeit.“
„Woher willst du das wissen? Vielleicht finde ich doch eins.“
„Tun dir die Schwälbchen denn nicht Leid, falls du ein Nest findest?“
„Ich werde sie aufziehen.“
„Seeschwalben kann man nicht außerhalb ihres Nestes aufziehen. Sie gehen ein.“
„Bei mir gehen sie nicht ein. Ich werde sie lieb haben.“
„Warum hast du nicht etwas anderes lieb?“
„Was denn?“
„Sagen wir, Katzen, Hunde, Distelfinken, Goldpirole. Warum hast du keinen Hund?“

„Habe ich doch."
„Wo ist er?"
„Zu Hause."
„Warum hast du ihn nicht mitgenommen?"
„Er ist noch sehr klein. Mein Vater hat ihn mir zum Geburtstag geschenkt."
„Wie heißt er?"
„Buke Jones."
„Was bedeutet *Buke Sones?*"
„Jones!", verbesserte sie. „Das ist ein Name."
„Was für ein Name?"
„Von einem Cowboy."
„Was bedeutet *Cowboy?*"
„Warst du noch nie im Kino?"
„Noch nie."
„Und du weißt auch nicht, was ein Kino ist?"
„Nein."
„Schade."
„Ich habe auch noch nie einen Zug gesehen", sagte er, wütend über sein Geschick. Sehnsüchtig fügte er hinzu: „Bist du aus Athen?"
„Ja", sagte sie einfach.
Pétros' Augen waren voller Bewunderung. Er sah sie an und konnte nicht glauben, dass dieses kleine Mädchen aus Athen gekommen war. Allerhöchstens aus Jánnena. Denn Athen war bedeutend und groß, und auch die Menschen, die da lebten, mussten bedeutend und groß sein. Um zu testen, was sie über Athen wusste, fragte er sie:
„Kennst du die Akropolis?"
„Und ob!"
„Hast du sie gesehen?" – „Ja."

„Und das Zapion?“
„Klaaaar!“
„Und den Königlichen Park?“
„Alles“, sagte sie stolz und fuhr sich mit der Hand durchs Haar, ordnete eine Strähne.
„Mein Hund ist viel größer als dein Welpe“, sagte er plötzlich trotzig, weil er nicht verkraften konnte, dass diese Mücke schon so eindrucksvolle Dinge gesehen hatte und er noch nicht einmal eine Elektrolok …
„Hast du einen Hund?“, unterbrach ihn Anthúla interessiert.
„Nein“, sagte er betrübt.
„Von was für einem Hund faselst du dann?“, fragte sie spöttisch.
„Von Asór.“
„Heißt dein Hund Asór?“
„Ich habe dir doch gesagt, dass ich keinen Hund habe. Aber der Hund, den ich hatte, hieß Asór.“
„Toller Name! Jeder Straßenköter heißt Asór.“
„Mein Asór war kein Straßenköter“, sagte Pétros. Er war so ärgerlich, dass er ihr am liebsten eine geschmiert hätte. „Er hat mich nur eines Tages gebissen.“
„Siehste! Doch ein Straßenköter! Ein Rassehund hätte dich nicht gebissen. Mein Buke Jones ist ein Rassehund.“
„Was ist *Rasse?*“
„Das weißt du auch nicht?“
„Nein“, sagte Pétros gedemütigt und wünschte sich gleichzeitig, sie nie gerettet, sie ihrem Schicksal als Schiffbrüchige überlassen zu haben.
Anthúla versuchte ihm zu erklären, was *Rasse* bedeutet, aber Pétros kapierte es nicht. Er verstand nur, dass auch

dieses kleine Scheißmädchen mit den Zöpfen nicht wusste, was *Rasse* bedeutet. Sie sagte immer wieder dasselbe, dass ihr Hund „jemand" sei und wieder „jemand" und „jemand", und er sagte ihr, dass *jemand jemand* und nicht *Hund* bedeute und dass sie ihn in Ruhe lassen solle!
Eine Weile schwiegen beide. Dann sagte Pétros:
„Es war nicht Asórs Schuld, dass er mich gebissen hat."
Seine Augen standen voller Tränen und gleich würde er losheulen.
„Wessen sonst?", fragte Anthúla jetzt viel ruhiger.
„Meine. Ein Karren hatte ihn überfahren und ihm den Fuß gebrochen. Ich hatte ihm eine Salbe draufgeschmiert, ihn verbunden und ihn unter meinem Bett versteckt, in ein altes Stück Stoff gewickelt. Als ich schlief, hat ihn wohl meine Mutter gefunden und ihn in die Waschküche gebracht. Ich wachte nachts auf, weil ich aufs Klo musste. Unser Klo ist an der anderen Seite der Waschküche und dort gibt es kein Licht. Ich konnte ja nicht wissen, dass er dort war, und trat auf sein verletztes Pfötchen. Da biss er mich, nicht mit Absicht, sondern vor lauter Schmerzen. Ich fing an zu schreien und im Haus wachten alle auf. Am nächsten Morgen war Asór verschwunden. Mir wurde gesagt, er sei mit einem Karren zu einem Vetter meines Vaters nach Philippiáda geschickt worden … Mich brachten sie einige Tage später nach Arta ins Krankenhaus.
„Warum?"
„Wegen einer Infektion."
„Was ist eine *Infektion?*"
„Weiß ich nicht."
Pétros blieb einen Moment stehen. Dann sagte er, als erinnerte er sich plötzlich: „Daran stirbt man."

„Bist du gestorben?“
„Nein, ich bin davongekommen. Aber ich war drei Monate im Bett. Deshalb bin ich letztes Jahr auch nicht in die Schule gekommen. Ich habe ein Jahr verloren.“
„Du gehst noch nicht in die Schule?“
„Nein, ich komme dieses Jahr im September in die Schule.“
„Wie alt bist du?“
„Acht.“
„Ich komme auch im September in die Schule. Ich bin aber sieben.“
Dann schwiegen beide, Anthúla sah ihm in die feuchten, tränenerfüllten Augen und sagte:
„Du darfst ihn füttern ...“
„Wen?“, sagte Pétros und schniefte.
„Buke Jones. Und wenn er ein bisschen größer ist, nehmen wir ihn auch mit aufs Schiff.“
„Hierher?“
„Ja, damit er uns auf unserer Reise Gesellschaft leistet.“
Pétros sah sie glücklich an. Dann wurde er unvermittelt ernst und sagte: „Ich spare Geld. Ich springe mit den anderen Kindern zusammen von Deck und tauche nach den Münzen, die uns die Leute ins Wasser werfen.“
„Ich habe euch gesehen, als wir ankamen. Ich wusste nicht, dass ihr nach Geld taucht.“
„Ja, ich werde mit einem richtigen Schiff reisen.“
„Wohin?“
„Rund um die Erde, habe ich vor!“
„Nimmst du mich mit?“
Hier zögerte Kapitän Reiselustig.
„Dich mitnehmen?“

„Ja“, sagte Anthúla.
„Dann brauchen wir eine zweite Fahrkarte.“
„Du musst mir eben beibringen, wie man taucht.“
„Das ist keine Arbeit für Frauen“, meinte Pétros ernst. „Wir werden woanders Geld auftreiben.“
„Wo?“
„Weiß ich noch nicht. Ich muss darüber nachdenken. Gehen wir jetzt.“ Er nahm sie an der Hand und sie sprangen gemeinsam die Treppe hinunter, hinaus ins Freie. Sie rannten weiter über den riesigen Platz, den der Regen gestern in ein flaches Meer verwandelt hatte. Sie rannten Hand in Hand und das Wasser spritzte ihnen bis an die Knie. Sie glichen zwei kleinen Fliegenden Fischen, die über die Wasseroberfläche gleiten, aber nicht untertauchen.
„Wohin gehen wir?“, rief sie außer Atem.
„Ich will dir meine Figuren zeigen“, antwortete Pétros.
„Was für Figuren?“, rief sie.
„Meine Karagiósis-Figuren.“
„Spielst du Karagiósis?“, fragte Anthúla voller Bewunderung, dass Pétros mit den Figuren des Schattentheaters umgehen konnte.
„Ja, in unserer Waschküche. Ich werde für dich eine neue Figur ausschneiden. Sie bekommt einen Schwanz und wie du zwei Zöpfe.“
„Wie wird sie heißen?“
„Gorgone. Du wirst die Gorgone von Alexander dem Großen sein!“
„Und wer wird Alexander der Große sein?“
Pétros antwortete nicht. Er hielt kurz inne, wollte etwas sagen, besann sich aber anders. Er nahm Anthúla wieder an der Hand und sie rannten weiter in Richtung Dorf.

2. Kapitel

Die fremde Frau und der blasse Junge

Es waren drei Wochen vergangen, seitdem der reiselustige Pétros auf dem Pazifischen Ozean, mit Kurs auf die Philippinen, die kleine schiffbrüchige Anthúla Dríwas mit ihren Zöpfen aufgefischt hatte. Seit damals war in dem kleinen Dorf am großen Amwrakikós einiges passiert.
Zum einen hatte Anthúla noch am selben Abend 38,6 Fieber bekommen und musste danach für drei Tage das Bett hüten. Drei Tage liegt das Schiff vor Anker, dachte Pétros etwas melancholisch. Aber mehr noch dachte er an seine neue Freundin. Zum anderen zog ihm der Leuchtturmwärter Kapitän Melétis die Ohren lang, nachdem er beim Trinken das Loch in seinem Flaschenkürbis entdeckt hatte.
„Wenn du mir im Leuchtturm wieder etwas kaputtmachst, lasse ich dich nicht mehr hinauf."
Mit einem neuen Flaschenkürbis regelte Pétros die Angelegenheit. Er kaufte ihn bei Dermánis, in dessen Tavernenhof etwa dreißig solcher Kürbisse an einem Balken aufgereiht hingen.
„Für wie viel verkaufst du den da?", fragte Pétros Dermánis und zeigte auf den glänzendsten Kürbis.
„Für einen Zweier", antwortete der mit seiner tiefen Stimme.
Zwanzigmal tauchen, dachte Pétros. So schmilzt also mein Kapital.

„Das ist zu teuer“, sagte er zu Dermánis.
„Nimm ihn nicht, wenn er dir zu teuer ist.“
Pétros überlegte sich die Sache noch einmal und sah ein, dass ein Zweier in Anbetracht eines eigenen Schiffes nichts ist, und gab Dermánis das Geld. Danach rannte er zum Leuchtturm, um den Flaschenkürbis auf seinen Platz auf der Steinbank zu bringen.
„Das hat mir gefallen, was du gemacht hast“, sagte der Leuchtturmwärter zu ihm. „Ab morgen steht die kleine Truhe offen, damit du dir das Fernglas herausnehmen kannst, wann du willst.“
Pétros freute sich vor allem darüber, dass ihn Anthúla mit dem Fernglas um den Hals sehen würde, wenn sie wieder mit ihm an Bord ging. Aber wann würde sie gesund? Wann?
Der Herr Zollamtsvorsteher und seine Frau waren nun schon seit einer Woche in Kochíli, und Pétros' Mutter war bekümmert darüber, dass sie ihnen zum Willkomm noch keinen offiziellen Besuch abgestattet hatte.
„Wie peinlich“, sagte sie zu ihrem Mann. „Was werden die Leute sagen? Schließlich ist er dein Vorgesetzter und du bist dazu verpflichtet, unabhängig davon, dass sie neu in unserer Gegend sind und niemanden kennen.“
„Das ist Weibersache“, sagte Pétros' Vater. „Wenn du willst, dann geh hin und unterhalte dich mit der Frau Zollamtsvorsteher. Ich habe das mit meinem Vorgesetzten schon getan.“
Als Frau Martha – so hieß Pétros Mutter – jetzt erfuhr, dass Frau Dríwas' Töchterchen krank im Bett lag, hielt sie das für eine passende Gelegenheit, um endlich ihren Besuch im Haus des Zollamtsvorstehers zu machen.

Aus frischem Weizenmehl, feinstem Olivenöl aus Lefkáda und Honig aus den Bienenstöcken des Madonnenklosters buk sie Küchlein in der Pfanne aus, die einem das Wasser im Munde zusammenlaufen ließen. Dann wälzte sie die Küchlein in Puderzucker und Zimt, legte sie auf einen Teller mit Blumenmuster und deckte eine spitzengesäumte Serviette darüber. Schon war sie für den Besuch bei der Frau Zollamtsvorsteher fertig.
„Nimmst du mich mit?", bat Pétros, der hinter der Tür herumlauerte.
„Wohin?"
„Na, wo du eben hingehst."
„Um Küchlein zu essen?"
Pétros wurde unfreiwillig rot. Seine Mutter hatte richtig vermutet und lachte.
„Nimm dir so viel Küchlein, wie du willst, wenn sie dir schmecken", sagte sie und zeigte auf eine weiße Platte auf dem Tisch, die voller Küchlein für zu Hause waren.
„Ich will gar keine Küchlein."
„Was willst du denn sonst bei der Frau Zollamtsvorsteher?", sagte sie und gab dann an Pétros die Worte ihres Mannes weiter: „Das ist doch Weibersache."
Jetzt wurde Pétros bockig und wollte sich aus dem Staub machen, doch seine Mutter erwischte ihn an der Hand.
„Komm schon", sagte sie zu ihm, „du kannst ihrer kranken Tochter Gesellschaft leisten."
Pétros riss seiner Mutter den Teller aus den Händen und stürmte aus der Tür.
„Langsam", rief sie und folgte ihm lachend, „pass auf, dass nichts runterfällt."
Frau Martha hatte vom Küchenfenster aus gesehen, wie

beide Kinder klitschenass vom Leuchtturm heimgerannt kamen. Aber sie hatte nichts zu Pétros gesagt und erst recht nichts zu ihrem Mann. Sie hatte Angst, er würde Pétros vielleicht verhauen, weil der Junge jetzt mitten im Hochsommer den ganzen Tag ohne Mütze herumrannte und sich leicht einen Sonnenstich holen konnte. Dass Pétros am Leuchtturm spielte, war den Eltern recht.
Der Besuch bei Frau Dríwas erwies sich für die zukünftigen Ausflüge von Kapitän Reiselustig und seiner Gefährtin als sehr erfolgreich. Sie freue sich, sagte die Frau Zollamtsvorsteher, ihre Tochter in der Gesellschaft eines so lieben Jungen wie Pétros zu wissen. Hätte sie geahnt, dass sie beide neulich Mittag zusammen unterwegs gewesen waren, hätte sie Anthúla sicher nicht ausgeschimpft. Jetzt aber, wo sie Pétros und seine Familie persönlich kennen gelernt habe, habe sie überhaupt nichts dagegen, wenn die Kinder, wann auch immer sie wollten, zusammen spielten. Sie sollten allerdings nicht so herumrasen, denn Anthúla, dieser Schatz, sei etwas anfällig und solle nicht schwitzen.
„Gut, wir passen auf, Frau Dríwas", sagte Pétros.
„Bravo, kleiner Pétros", antwortete sie erfreut und streichelte ihm die Wange.

Die kommenden Tage waren für die beiden Kinder angefüllt mit Ideen und Plänen für ihr Vorhaben.
Kaum war Anthúla gesund geworden, verschwanden sie schon frühmorgens spurlos – nun sogar mit Erlaubnis von Frau Dríwas. Egal, wo man sie suchte, sie waren in ihrem „Hauptquartier".
Das „Hauptquartier" war eine verlassene Hütte aus Bambus und Korbweide, in der der alte Thomás seinen Kahn

und seine Angelsachen aufbewahrt hatte. Der arme Kerl war im Frühjahr an Lungenentzündung gestorben und die Hütte stand leer. Sein Kahn lag nun bei Sonne und Wind im Hof. Der alte Thomás habe eine Tochter, hieß es. Doch kaum kam die Rede auf sie, verstummte ganz Kochíli. Was störte das Pétros? Wichtig war allein, dass die Hütte leer stand und niemand dahin kam. Sie lag jenseits des Leuchtturms an einem kleinen Wasserlauf. Hier trafen sich Pétros und Anthúla und heckten ihre Pläne aus.

Damit ihnen niemand auf die Schliche kam und sie verriet, änderte Pétros nichts in seinem Leben, ließ alles genauso wie bisher. Nur ging er jetzt nicht mehr allein hinunter zum Kai, sondern mit Anthúla. Auch Buke Jones, der jeden Tag größer wurde und bereits auf der Mole rennen konnte, war dabei. Kaum hörte er die Sirenen der Schiffe, die in den kleinen Hafen von Kochíli einliefen, begann er fröhlich zu bellen und mit dem Schwanz zu wedeln.

Die drei standen dann zusammen unter den beiden Tamarisken und starrten gebannt auf das Schildkrötenkap, bis der Schiffskiel dahinter hervorglitt und man den Rauch zum Himmel steigen sah.

„Die Nawkratússa!", rief Anthúla und hüpfte auf den Kieseln herum.

„Falsch", sagte Pétros. „Das ist nicht die Nawkratússa, es ist die Pílaros."

„Woher weißt du das?"

„Ich weiß es eben."

„Wegen der Farbe?"

„Nein."

„Wegen der Schlote?"

„Nein.“
„Wegen des Rauchs?“
„Nein.“
„Woher weißt du es dann? Sag bloß, du bist so gescheit!“
„Nein, aber heute ist Donnerstag.“
Das stimmte. Laut Fahrplan kam am Samstag die „Aris“, am Dienstag die „Nawkratússa“ und am Donnerstag die „Pílaros“.
„Du Gauner! Gauner!“, schrie Anthúla aufgeregt und ging mit geballten Fäusten auf Pétros los.
Buke Jones sprang an ihm hoch, tat so, als beiße er ihn in die nackten Knie, und Pétros lachte, weil das kitzelte. Er tat so, als trete er nach ihm.
„Bravo, Buke Jones, beiß ihn! Aber richtig, damit es wehtut.“
Pétros ergriff lachend vor Buke Jones die Flucht. Er zog sich Hemd und Hose aus und wartete in der bunten Unterhose darauf, dass die „Pílaros“ Anker werfe. Er wollte hinschwimmen, an Deck klettern und endlich für das große Ziel tauchen. In den letzten Tagen hatte Anthúla ihm eine zweite, leere Sparbüchse von zu Hause geschenkt und die beiden Geschäftsteilhaber taten ihre Einnahmen da hinein.
Die „Pílaros“ – und dass es die „Pílaros“ war, damit hatte Pétros Recht – war jetzt klar zu erkennen, tutete zur Begrüßung drei Mal „wwwpp … wwwpp … wwwpp …“, und warf kurz darauf im kleinen Hafen Anker. Es gab ein mächtiges Getöse, als die Kette aus dicken Eisenringen ins Meer gelassen wurde. Gleich darauf ertönten laute Stimmen vom Schiff:
„Halt ein!“

„Zurück!“
„Runterlassen!“
Die Lastkähne und die Boote waren hinausgefahren und warteten. Als die Treppen herabgelassen wurden, legten sie in dem Getöse aus Stimmen, Gelächter und Willkommensrufen am Schiff an. Eine Menge kleiner Knirpse kletterte an Bord und tauchte von dort nach den Zehnern, die die Passagiere von der Brücke aus ins Wasser warfen. Wie kleine Delphine kamen sie nur kurz an die Oberfläche, um Atem zu holen, bevor sie wieder unter Wasser verschwanden.
Anthúla wartete mit der Sparbüchse in der Hand unter den beiden Tamarisken und Buke Jones neben ihr wedelte mit dem Schwanz. Als der ganze Zauber vorbei war und Pétros mit schnellen Stößen das Schiff hinter sich ließ, hielt Buke Jones es nicht mehr aus und sprang zu seinem Empfang ins Meer.
Sie kamen zusammen aus dem Wasser, doch dann trottete Buke Jones ein Stück weiter hinüber, um sich das Wasser aus dem Fell zu schütteln. Pétros spuckte die Zehner, die er sich in den Mund gestopft hatte, in die Hände und zählte sie. Es waren dreizehn. Die Kinder steckten sie einzeln in die Sparbüchse und machten sich, so wie sie waren, auf den Weg zur Mole, um sich dort umzuschauen. Umziehen würden sie sich später, da sie erst einmal trocken werden mussten.
Auch am Kai ging der Ankunfts- und Abreisezauber zu Ende. Die Passagiere, die mit dem Schiff gekommen waren, liefen bereits auseinander, und die Abreisenden winkten zum Abschied von Deck. Die Loren wurden aus den Lastkähnen beladen, und Pétros’ Vater tauchte überall so

geschäftig mit „Deklarationen“ und Zollerklärungen auf, dass er nicht einmal Zeit hatte, sich kurz nach ihm umzudrehen.
Die Schiffssirene heulte. Anthúla erschrak.
„Das ist das erste Mal“, erklärte ihr Pétros. „Beim dritten Mal werden die Anker gelichtet.“
„Was bedeutet *Anker lichten?*“
„Dass das Schiff abfährt, besser gesagt, dass es ablegt.“
In diesem Moment tauchte die Frau mit dem Jungen auf der staubigen Straße auf. Sie schien etwa dreißig zu sein. Sie trug ein schwarzes gehäkeltes Umschlagtuch und ein schwarzes Kopftuch. Sie hielt den vielleicht achtjährigen Jungen, der in eine Wolldecke gewickelt war, fest in den Armen. Die Leute wichen zur Seite, um sie vorbeizulassen. Die Mole leerte sich mit einem Schlag, niemand wollte in ihrer Nähe sein und selbst die Wagen wurden einfach stehen gelassen. Es wurde ganz still. Totenstill.
Die Frau ging langsam, den Blick starr auf das Schiff gerichtet, ohne nach rechts oder links zu blicken, durch die zurückweichende Menschenmenge.
Pétros und Anthúla verstanden nicht, warum alle so plötzlich verstummten. Sie konnten einen Blick auf das blasse Kindergesicht mit den großen Augen werfen, als der Junge an ihnen vorbeigetragen wurde und sie einen Moment lang erschrocken ansah.
„Die Arme!“
„Die soll bloß verschwinden und uns nicht anstecken.“
„In mein Boot kommt die mir nicht! Sie ist verseucht.“
Aber die Frau schien nichts von alldem zu hören, ging stumm und gelassen, als seien die mitleidigen und zornigen Worte nicht für sie bestimmt, mit ihrem Kind auf dem

Arm bis ans Kaiende. Beim letzten wartenden Boot blieb sie stehen.
Die Kinder sahen, wie der Herr Zollamtsvorsteher Dríwas, Anthúlas' Vater, etwas zu dem Mann im Boot sagte und auf das Schiff zeigte. Der Schiffer schien erschrocken, denn er schüttelte mehrere Male den Kopf, als sagte er „Nein ... nein ...“ Da wurde Herr Dríwas so wütend, dass er wohl klein beigab, denn er bedeutete der Frau mit dem Kopf: „Steig ein!“ Die Frau stellte den Jungen auf den Boden, und Anthúlas Vater bückte sich, um ihn zu halten. Sie sprang ins Boot und streckte die Arme nach dem Jungen aus, den Herr Dríwas ihr hinüberhob. Der Schiffer hielt sich abseits. Die Frau lächelte Herrn Dríwas an, umschlang ihren Sohn und zog die Wolldecke fest, die heruntergeglitten war. Dann setzte sie ihn auf die Bank. Der Schiffer griff nach den Rudern und das Boot legte ab.
Das Leben in Kochíli, das stillgestanden hatte, erwachte wieder, als seien alle von einer schweren, drückenden Last befreit. Die Lastenträger streckten ihre mächtigen Pranken aus und die kleinen Waggons rollten über die Schienen, die Kutscher ließen ihre Peitschen durch die Luft knallen, die Glöckchen des Karrenpferdes klingelten, der Lastwagenfahrer ließ den Motor an, der Chevrolet von Dúlas Karanássos hupte und die Schiffssirene der „Pílaros“ ertönte zum zweiten Mal, was so viel hieß wie „demnächst wird abgelegt“.
Für den Moment vergaß man die schwarz gekleidete Frau mit dem Kind. Erst abends würden sich die Leute hier in Kochíli, aber auch in den Dörfern in der Ebene wieder an sie erinnern und tagelang über sie reden. Die einen voller Mitleid, die anderen mit Härte.

Anthúla ließ Pétros dort mitten am Kai einfach stehen, weil sie zu ihrem Vater wollte, der auf dem Weg zum Zollamt war. Buke Jones rannte hinter ihr her.
Pétros wartete vergeblich auf ihre Rückkehr. Mittags pfiff sein Vater ihn zum Essen nach Hause und nachmittags bezog er Warteposten in ihrem „Hauptquartier". Umsonst. Traurig lief er am Zollamt vorbei nach Hause. Es war geschlossen. Sogar die Fensterläden waren gesichert. „Was ist denn los?", wunderte sich Pétros. Er ging in die Waschküche, um sich seine Karagiósis-Figuren, die er aus Pappe gemacht hatte, anzusehen. Die Gorgone war genauso geworden, wie er sie Anthúla beschrieben hatte. Eine Gorgone mit zwei Armen und einem Schwanz. Er nahm sie in die Hand und dachte bewundernd: Wie Anthúla.
Am nächsten Morgen, am Mittwoch, kam kein Schiff. Weil Pétros nicht wusste, was er tun sollte, machte er sich wieder auf den Weg in das „Hauptquartier". Er setzte sich auf den Kahn des alten Thomás und wartete auf Anthúla. Als sie endlich auftauchte, tat er zunächst so, als sähe er sie nicht und warf Steine in den Fluss.
Anthúla kam näher.
„Er hat Schwindsucht", sagte sie.
„Wer hat Schwindsucht?", fragte Pétros ohne Interesse und ohne sich umzudrehen.
„Der Junge von gestern, vom Kai. Den seine Mutter auf dem Arm hatte. Der in der Decke. Deswegen war er so blass."
Pétros warf einen Stein in den Fluss, dann noch einen.
„Was ist Schwindsucht eigentlich für eine Krankheit?", fragte er.

„Eine Lungenkrankheit. Ich bin gestern weggegangen, weil ich meinen Vater danach fragen wollte."
„Aha …", meinte Pétros.
„Seine Mutter bringt ihn nach Athen in das Sotiría."
„Was ist das, *Sotiría?*"
„Ein Sanatorium."
„Was ist ein *Sanatorium?*"
„Eine Art Krankenhaus."
Pétros drehte sich um und sah sie an. Dann wandte er sich wieder dem Fluss zu, nahm einen Stein und zielte auf ein Platanenblatt, das zum Amwrakikós hinuntertrieb. Er traf es.
„Muss er sterben?", fragte er dann.
„Weiß ich nicht."
„Anscheinend ist Asór auch gestorben."
„Welcher Asór?"
„Mein Hund, von dem ich dir erzählt habe. Hast du das vergessen?"
„Ach der, der dich gebissen hat?"
„Ja. Mein Onkel aus Philippiáda hat mir gesagt, er sei abgehauen, aber das glaube ich nicht. Er ist wohl gestorben, nachdem ihn der Karren überfahren hat."
Anthúla hörte nicht zu, weil sie an den Jungen dachte.
„Die anderen haben Angst", sagte sie.
„Welche anderen?"
„Alle. Vor Ansteckung. Wenn dich ein Lungenkranker berührt, steckst du dich an und stirbst. So hat mir das mein Vater gesagt. Danach sind wir nach Arta gefahren, haben uns die alte Bogenbrücke, die Festung und eine große Kirche mit sieben riesigen Kuppeln angesehen …"
„Das kenne ich alles schon."

„Und dann sind wir ins Kino gegangen."
„Kino?", sagte Pétros und spürte, wie sein Herz flog.
„Ja. Wir haben uns Buke Jones angesehen."
„Das Hündchen?"
„Nein, den Cowboy. Den Hund haben wir zu Hause gelassen."
„Wie ist der?"
„Der Cowboy?"
„Ja."
„Er ist groß, trägt einen weißen Hut, weite Hosen, Stiefel mit Sporen und einen Gürtel mit zwei Pistolen. Außerdem hat er ein Lasso."
„Was ist ein *Lasso?*"
„Ein Seil mit einer Schlinge. Das wirft man wilden Pferden hinterher und fängt sie so ein."
Pétros hörte nichts mehr von dem, was ihm Anthúla noch erzählte. In Gedanken war er dort. Im Kino. Er wusste, dass in Arta am Skufásplatz das „Kapitol" eröffnet hatte, aber sein Vater war noch nie mit ihm dorthin gegangen. Jetzt wollte er es mehr denn je. Er hörte von Anthúla so seltsame Wörter wie „Indianer", „Postkutsche" und „Zugüberfall", die beim Hören miteinander verschmolzen. Ihm war zum Heulen zu Mute, weil er als versierter Reisender von alldem noch nie etwas gehört hatte.
„Wie hast du ihn genannt?"
„Sheriff."
„Was bedeutet *Sheriff?*"
„Polizist. Er trägt einen Stern auf der Weste."
„Stern?"
„Aus Silber. Wenn er ihn vorzeigt, heben alle Bösewichter die Hände und ergeben sich."

Pétros hatte ganz in Gedanken den Rückweg eingeschlagen. Ihm stand heute nicht der Sinn nach Plänen und Verschwörungen. Die Geschichte von dem Kino und dem echten Buke Jones hatte ihn aus der Fassung gebracht. Er wollte nach Hause rennen, in die Waschküche stürmen und dort das Kommende abwarten. Er musste unbedingt nach Arta und …

„Ab Montag läuft ein anderer Film“, sagte Anthúla.

„Was für ein Film?“, fragte Pétros sehnsüchtig.

„Eine Komödie mit Charly. ‚Der Straßenjunge‘ heißt er.“

„Geht ihr hin?“, fragte Pétros und schluckte schwer.

„Ja. Ich habe meinen Vater gebeten, dich auch mitzunehmen.“

Pétros blieb stehen. Das Herz schlug ihm bis zum Hals.

„Und mein Vater war einverstanden“, ergänzte Anthúla.

Pétros starrte sie kurz an, drehte ihr abrupt den Rücken zu und rannte weg, so schnell ihn seine Beine trugen.

3. Kapitel

Pétros schwebt über den Wolken

Kochíli war ein sehr kleines Dorf mit kaum zwanzig Familien und wenigen Häusern. Im Sommer kamen allerdings viele Schilfhütten am Meer und am Fluss dazu. Doch wenn der Schiffsverkehr im Winter abnahm und nur noch ein Mal in der Woche ein Schiff kam, verzogen sich die Menschen entweder hinauf nach Arta oder in ihre Heimatdörfer in der Ebene. Kochíli starb dann aus. Das Zollamt musste aber sowohl im Winter als auch im Sommer in Betrieb und die Zollbeamten auf ihrem Posten sein. Zum Glück stellte die Behörde ihren Beamten zusätzlich zum Gehalt ein Haus zur Verfügung. Da sie viele Gebäude besaß, konnte sie sich diese Vergünstigung leisten.
„Gott sei Dank müssen wir keine Miete zahlen", bekam Pétros immer wieder von seiner Mutter am Monatsende zu hören, wenn zu Hause das Geld knapp wurde. „Wie fünf Mäuler mit einem Hungerlohn stopfen …", bei anderer Gelegenheit.
Pétros zählte die fünf Mäuler: sein Vater, seine Mutter, seine Großmutter, sein Bruder Jorjís und er selbst. Den ganzen Winter über lebten seine Großmutter und Jorjís in Arta, wo die Familie eine zweite Wohnung unterhielt. So konnte sein Bruder dort in die Volksschule gehen, die es in Kochíli nicht gab.
„Mein Gott, noch mehr Ausgaben", sagte Frau Martha.
Das Haus, in dem sie in Kochíli wohnten, bestand aus

zwei Zimmern, einem großen Flur mit dem Esstisch und einer Küche. Am anderen Ende des Hofs befand sich noch ein kleines Gebäude, das sie Waschküche nannten, weil darin ein steinerner Waschtrog stand und im Kamin in einer Ecke ein Dreifuß mit einem Kessel darauf. Dort machte Frau Martha ihre Laugen und das Wasser für die Wäsche heiß.
Die Waschküche hatte ein großes Fenster. Pétros wollte von dort ein weißes Leintuch zur anderen Seite spannen, es mit Nägelchen befestigen, dahinter Kerzen aufstellen und mit seinen Figuren Karagiósis spielen. So wie er das beim Karagiósis-Schattentheater gesehen hatte, das jeden Sommer in Kochíli Vorstellungen gab. Die Zuschauer seines Karagiósis würden im Hof sitzen, denn seine Mutter hatte nichts dagegen. Sie erlaubte es ihm sogar ausdrücklich, als er sie eines Morgens darum bat. Die Aufführungen fanden sowieso sonntags statt und da war die Waschküche frei.
Nachts im Bett vor dem Einschlafen beschäftigte sich Pétros mit seinem Stück. Er bot seine ganze Phantasie auf, um alle Märchen und Geschichten, die er von Kapitän Melétis gehört hatte, mit den sommerlichen Karagiósis-Abenteuern auf dem Dorfplatz zu verschmelzen. Jetzt war da noch die Gorgone hinzugekommen, die mitspielen musste. Wie sollte er das alles hinkriegen? Doch was er wach nicht so recht auf die Reihe brachte, gelang ihm wenig später im Traum.
Aber in dieser Nacht hatte Pétros erst einmal andere Träume.
Die Grillen in den Tamarisken machten keine Anstalten, ihr Geschrei zu beenden, und hoch über seinem offenen

Zimmerfenster glänzten am Sommerhimmel viele Tausend Sterne.
Pétros dachte an den blassen, in eine Decke gehüllten Jungen, den er am Kai gesehen hatte, und konnte keine Ruhe finden. Auch an den Sheriff mit dem silbernen Stern, von dem ihm Anthúla erzählt hatte, dachte er und wollte ihn unbedingt kennen lernen. Er konnte den Besuch vom „Kapitol“ in Arta am Montag kaum erwarten.
Voll Unruhe stand er auf und ging zum Fenster. Er warf einen Blick in den Hof. Alles war ruhig. Das Fenster seiner Eltern gegenüber war dunkel. Beide schliefen tief.
„Das ist meine Chance“, flüsterte er, „jetzt kann ich gehen.“
Mit einen Ruck sprang er auf.
Er bewegte Arme und Beine plötzlich wie im Meer auf Zehnerjagd, als wolle er möglichst schnell an die Oberfläche kommen.
Er stieß sich kräftig mit den Füßen von den Hoffliesen ab und strebte mit ausholenden Armbewegungen hinauf zum Himmel. Er sah den Hof unter sich immer kleiner werden und schließlich verschwinden. Als er kurz darauf noch höher gestiegen war, wurden auch ihr ziegelgedecktes Hausdach, das Zollamtsdach, die Lagerräume und die Mole unter seinen Füßen immer ferner. Er war äußerst zufrieden und stolz, denn hätte er das heute Morgen den Kindern erzählt, wären sie voll Hohn über ihn hergefallen.
„Pétros fliegt“, hätten sie ihn verspottet. „Er fliegt!“
Deshalb hatte er auch niemandem von seinen nächtlichen Flügen erzählt. Nicht einmal Anthúla würde er etwas davon sagen, auch wenn es ein Traum war. Seltsamerweise hörte der Traum nicht auf, wenn ihm bewusst wurde, dass

er träumte. Pétros konnte sich im Gegenteil diesem Zauber bis zum Ende überlassen. Er schwamm durch Wolken hinein in magische Welten und unterhielt sich mit höchst eigenartigen Vögeln, die neben ihm herflogen und ihn immer weiter wegführten, immer höher hinaufleiteten, zu aus Raureif und Sternen erschaffenen Palästen, zu bunten Glaswäldern, zu Städten aus Hagelkörnern und Kristall.
Während sich Pétros dieser Zauberreise überließ und seine Arme langsam auf und nieder schwang, wie er es im Wachzustand bei den Möwen gesehen hatte, empfand er überhaupt keine Angst, sondern stieg immer höher. Das, was ihn manchmal erschreckte und ihm den Atem nahm, waren die jähen Abgründe und das plötzlich auftauchende Chaos. Jetzt! Er spürte, wie er fiel und fiel und nichts seinen Fall stoppte, so verzweifelt er auch die Arme bewegte, um sich in der Luft zu halten. Wenn er die Erde mit ihren Felsen auf sich zurasen sah, um ihn in tausend Stücke zu zerschmettern, rief er: „Ah!“, und wachte auf.
Mit der Hand auf der Brust hörte er sein Herz tak-tak, tak-tak, tak-tak schlagen. Oft wachte auch seine Mutter von seinem Geschrei auf und fragte ihn: „Bist du wieder geflogen?“ Sie pflegte ihm mit dem Leintuch den Schweiß abzuwischen und ihm den Kopf zu streicheln. Während sie zu ihrem Bett zurückging und sich bekreuzigte, murmelte sie: „Lieber Gott, was soll ich bloß mit diesem Spinner und seinen Phantasien machen?“
Die „Pílaros“ verschwand hinter dem Schildkrötenkap. Es blieb nur ihr Rauch, der in merkwürdigen Formen zum Himmel aufstieg. Später quollen über dem hohen Berg Makrinóros schwarze Wolken hervor und überzogen blitzschnell den Himmel. Auch das Meer wurde unruhig

und schlug hohe Wellen. Pétros bekam es mit der Angst zu tun, dass das Schiff mit der Frau in Schwarz und dem blassen Jungen untergehen könnte, noch bevor er im Sanatorium gesund geworden wäre.
Pétros wollte dem Bösen zuvorkommen und riss vor lauter Ungestüm mit seinen Flugbewegungen die dichten Wolken auf. Plötzlich tauchten bei Salaóra ganz schwach die Lichter der „Pílaros“ auf. Aus der Höhe sah er, wie sein geliebtes Schiff keuchend mit den wilden Elementen von Meer und Himmel kämpfte. Beim Näherkommen sah er, dass der Kapitän dem Sturm nicht gewachsen war, und betrat kurzerhand die Brücke und übernahm das Ruder. Er, der Superkapitän und Reisespezialist, kannte sich schließlich mit Schiffen und wilden Ozeanen aus. So rief er das erste Kommando: „Schürt die Kessel!“, und sofort das zweite: „Drehen sechzig Grad steuerbord!“ Folgsam drehte die „Pílaros“ und lief schnell im kleinen, inzwischen windstillen Hafen von Salaóra ein.
Als Pétros dann von Kabine zu Kabine weiterflog und nach dem kranken Jungen suchte, hörte er den Kapitän: „Vielen Dank für die Rettung, junger Held.“ Dann hatte er den Jungen gefunden, hob ihn hoch und beruhigte seine Mutter: „Keine Angst, ich bringe ihn gesund zurück.“ Mit dem Jungen im Arm stieß er sich wieder mit den Fersen vom Deck ab und nahm hoch über der Erde Kurs auf Kochíli. Weil der Junge so fror und mit den Zähnen klapperte, schlug Pétros die Decke fester um den mageren kleinen Körper: „Aufgepasst“, sagte er lächelnd, „wir sind schon da.“ Der Leuchtturm von Kochíli blinkte weit unten und zeigte ihnen im Dunkeln und im Nebel den Weg. Kurz darauf waren sie schon über Arta und ließen sich

langsam in Richtung Skufásplatz hinunter, weil sie auf dem Hof vom „Kapitol“ landen wollten.
Der Sheriff schlief in Uniform und Stiefeln auf der breiten Steinbank. Sein Gürtel mit den Pistolen diente ihm als Kopfkissen und der kreisrunde Hut hing zusammen mit dem Lasso am Maulbeerbaum. Der Mond kam kurz hinter den Wolken hervor und der silberne Stern an der Weste des Sheriffs schimmerte wie ein echter.
Pétros versetzte ihm einen Stoß. Der Sheriff öffnete die Augen sperrangelweit, sprang auf und riss die Pistolen an sich.
„Ich bin ein Freund“, sagte Pétros, um ihn zu beruhigen.
„Und was suchst du hier?“, fragte ihn der Sheriff unwirsch.
„Das Wasser der Unsterblichkeit.“
„Um diese Zeit?“
„Es ist nicht für mich.“
„Sondern für wen?“
„Für meinen Freund. Er hat Schwindsucht.“
Pétros bückte sich und setzte den kranken Jungen behutsam auf die Steinbank. Der Sheriff warf einen Blick auf ihn und wandte sich wieder an Pétros.
„Hast du keine Angst, wenn du ihn herumträgst?“
„Vor was denn?“
„Vor Ansteckung.“
„Aber du machst ihn doch jetzt gesund.“
„Das Wasser der Unsterblichkeit ist nicht mehr hier in der Stadt. Bei dem Überfall auf den Zug ist es uns gestohlen worden“, sagte der Sheriff bedrückt.
„Und Buke Jones? Was ist mit Buke Jones?“, fragte Pétros enttäuscht.

„Wir machen uns bei Tagesanbruch auf die Jagd nach den Banditen."
„Warum denn nicht jetzt?", bettelte Pétros.
In diesem Moment war draußen auf dem steingepflasterten Platz Hufgetrampel und dann Pferdegewieher zu hören.
Pétros drehte sich um und sah jemand hinter dem offenen bogenförmigen Hoftor. Er traute seinen Augen nicht. Er war es! Sein Hemd hatte Elfenbeinknöpfe und seine Ärmel waren mit Silberfaden genäht. Er trug weite Lederhosen und gesteppte glänzende Stiefel mit goldenen Sporen. Was einem den Verstand rauben konnte, waren der knallweiße runde Hut und die beiden Pistolengriffe, die aus dem breiten Gürtel ragten. Ja, es war Buke Jones und niemand anders.
„Wir ziehen los", rief er dem Sheriff von oben zu und zügelte sein Pferd.
Der Sheriff setzte sich blitzschnell den Hut auf, packte das Lasso und sprang auf sein Pferd, das im Vorhof wartete. Bis Pétros begriff, was vor sich ging, hatten die beiden Reiter den Platz in Richtung Brücke überquert, um das Wasser der Unsterblichkeit für den kranken Jungen zu holen.
Von hier aus begann alles unscharf zu werden. Er hörte neben sich lautes Wasserrauschen und von weitem Frauenstimmen. Eine von ihnen sagte: „Wach auf, Faulpelz, es ist zehn Uhr, Anthúla wartet in der Hütte auf dich." Pétros schoss empor und sagte: „Das Wasser der Unsterblichkeit, ich warte auf das Wasser der Unsterblichkeit." Er schlug die Augen auf und sah durch das Fenster, wie das Wasser mit hohem Druck aus der Leitung

in den Zinkeimer für die Wäsche schoss, wie seine Mutter und die Nachbarin, Frau Mariánthi, ihn anstarrten und schallend loslachten. Pétros wurde ärgerlich, nicht weil sie sich über ihn lustig machten, sondern weil sie ihn im besten Moment, in dem er Buke Jones und den Sheriff mit dem Wasser der Unsterblichkeit erwartete, weckten.
Er rannte so, wie er war, aus der Waschküche und stürmte hinunter zu seinen beiden Tamarisken an den Strand. Er nahm Anlauf und sprang in das ruhige Wasser des Amwrakikós. Immer wieder tauchte er, weil er so traurig wegen des lungenkranken Jungen war, auf den seine Mutter dort drüben in dem kleinen Hafen von Salaóra wartete. Das kühle Wasser half ihm wieder zu sich zu kommen. „Was bin ich bloß für ein Blödmann?", sagte er zu sich. „Das Ganze war doch nur ein Traum." Dann fiel ihm Anthúla ein, die auf ihn wartete, und er kam sofort an Land. Er stürzte in die Küche, schnitt sich eine dicke Scheibe Brot ab und angelte sich noch ein Stück Käse aus dem Tonkrug. Kauend zog er sich Hose und Hemd an und rannte von dem weiten Platz mit den Tamarisken zu ihrem „Hauptquartier".

„Passen da hundert rein?"
„Locker", antwortete Pétros und beschrieb mit der Hand einen Kreis.
„Und wo werden sie sitzen? Wo kriegen wir so viele Hocker her?"
„Die, die keinen Hocker mehr kriegen, setzen sich auf den Fußboden."
Anthúla und Pétros saßen jetzt oben auf dem umgedrehten Boot von Onkel Thomás und unterhielten sich in

aller Ruhe über ihre Pläne, deren Erfolg davon abhing, ob die Vorstellung glückte. Deshalb überprüften sie alles und rechneten ganz genau, um möglichst viel Gewinn zu machen.

„Na gut“, fuhr Pétros fort. „Wir verlangen eine halbe Drachme Eintritt. Wenn wir hundert Karten verkaufen, verdienen wir fünfzig Drachmen.“

„Toll“, sagte Anthúla.

„Ja, wirklich. Fünfhundertmal weniger tauchen. Und wenn wir mit der Vorstellung Erfolg haben, gehen wir auch in andere Dörfer. Vielleicht können wir schon in einem Jahr, spätestens aber in zwei Jahren unsere Fahrkarten kaufen!“

„Großartig!“, sagte Anthúla und ihre Augen glitzerten vor Freude.

„Wer hält uns dann noch auf!“, brach es aus Pétros hervor. Er holte sich von dem Steinhaufen, den er eigens dafür angelegt hatte, einen Stein nach dem anderen und zielte auf die Blätter, die auf der Flussoberfläche trieben. Es war sein Spiel. Anthúla half ihm dabei. Sie gab ihm von ihren Steinen, denn sie hatte keine Lust zu werfen.

„Ich hab's erwischt!“, rief Pétros begeistert, als er sah, wie das Platanenblatt kurz unterging, nachdem er es getroffen hatte, und wieder an die Oberfläche kam, um in Richtung Amwrakikós fortzuschwimmen.

Dann waren die Steine zu Ende, und keiner hatte Lust, andere zu sammeln. Beide schwiegen einen Moment lang.

„Warum verreisen wir nicht mehr mit unserem Schiff?“, sagte dann Anthúla. „Ich beginne mich auch ans Reisen zu gewöhnen ...“

„Ich habe das Schiff aufs Dock getan.“

„Was bedeutet *Dock?*“
„Werft.“
„Und was bedeutet *Werft?*“
„Dort werden die Schiffe repariert.“
„Ah!“, sagte Anthúla, die verstand. „Und was ist mit unserem Schiff passiert?“
„Das, was auch mit dem Flaschenkürbis von Kapitän Melétis passiert ist. Wir haben am Nordpol einen Eisberg gerammt und am Bug ist ein Leck entstanden.“
„Ist der Bug vorne oder hinten?“
„Das Heck ist hinten. Der Bug ist immer vorn.“
„Ah!“, machte Anthúla.
Dann waren beide wieder still. Sie schienen in Gedanken in die Ferne zu reisen.
„Werden es deine Eltern erlauben?“, fragte Pétros dann, ohne Anthúla anzusehen, denn die Frage fiel ihm schwer.
„Was denn?“
„Die Reise.“
„Und deine?“
„Ich bin ein Mann. Ich frage gar nicht.“
„Ich werde sie auch nicht fragen.“
„Dann müssen wir heiraten.“
„Ich bin aber verheiratet.“
„Mit wem?“
„Mit Napoleon.“
„Wer ist Napoleon?“
„Mein Bär.“
„Du bist mit einem Bären verheiratet?“
„Ja. Ich habe ihn sehr geliebt und habe ihn geheiratet. Er war aus Plüsch. So groß wie ich, mit Augen aus blauen Perlen.“

„Und wo ist er jetzt?“
„Er ist ertrunken. Ins Meer gefallen. Ich hab mir die Gegend vom Bug aus angeguckt, und dabei ist er mir aus der Hand gefallen. Das Rad hat ihn völlig zerpflückt.“
„Das Rad ist am Heck.“
„Na gut, am Heck. Ich habe mir die Gegend vom Heck aus angeguckt.“
„Warst du traurig?“
„Ja, als er reinfiel, war ich traurig. Dann fand ich es gut, dass dieser Mistkerl reingefallen war.“
„Warum?“
„Weil mich meine Mutter deswegen verhauen hat. Recht geschah ihm, dass er ertrunken ist.“
„Schön!“
„Was heißt hier schön? Dass mich meine Mutter verhauen hat?“
„Nein, dass dein Mann ertrunken ist. Jetzt heiratest du mich. Willst du?“
„Ich will. Nur gibt es da noch was.“
„Noch was? Dass ich nicht aus Plüsch bin?
„Nein.“
„Dann?“
„Das ist ein Geheimnis.“
„Was für ein Geheimnis?“
„Ich habe zwei Kinder.“
„Bärchen?“
„Nein. Puppen. Ein Mädchen und einen Jungen. Dolly und Nínos.“
„Ich werde sie als meine Kinder annehmen!“
Anthúla schien darüber gerührt zu sein, denn sie bückte sich und küsste Pétros auf die feuchten Haare. Der verlor

die Fassung, wusste nicht, was tun, und sprang mit einem Satz in den Fluss und schwamm mit kräftigen Stößen gegen die Strömung.

„Komm zurück!“, rief sie ihm ängstlich vom Ufer zu.

Aber Pétros achtete nicht darauf. Er schwamm den Fluss hinauf und sang. Dann tauchte er tief, und als er wieder an die Oberfläche kam, sang er weiter.

„Komm zurück“, rief Anthúla erneut. „Mein Vater sagt, der Fluss hat Senklöcher!“

„Hab keine Angst“, antwortete ihr Pétros, „die Senklöcher sind weiter oben.“

Er fing das Lied wieder von vorne an, weil Anthúla ihn mit ihrer Angst mittendrin unterbrochen hatte.

„Santím santó
sial saminó
jantím jákar íto
líto weríto
ría laró
und blum ins Wasser.“

Das war das Lied, das der Sieger bei der Befreiung des kleinen Sklaven sang, wenn sie auf der Mole mit den anderen Kindern „Ampárissa“ spielten; er wusste nicht, was die Worte bedeuteten, und er hatte auch nie danach gefragt.

4. Kapitel

Charly und das Wasser der Unsterblichkeit

Der Chevrolet von Dúlas Karanássos raste den sandigen Weg entlang und wirbelte eine Staubwolke hinter sich auf. Dann nahm er das Steinbrückchen über den Wuwós und folgte der großen Fischreuse von Logarú. In dem flachen, weiten Gelände wuchsen überall Binsen und Tamarisken, standen Hütten aus Stroh und Bambus. Vom Lärm des Chevrolets aufgescheucht, flatterten hin und wieder träge ein paar Möwen und zurückgelassene Amseln auf und flohen auf die Zweige einer abseits stehenden Zypresse.
Tausend Meter weiter drüben begannen die Zitronen- und Orangengärten der Bauern. Dúlas Karanássos sang voll Inbrunst das Lied, das er immer sang, wenn er die Hände am Steuer hatte:

„Stiege auch ich die Treppe hinauf,
die du hinaufzusteigen pflegst,
würde ich dich auf jeder Stufe,
ach, so zärtlich küssen.“

Außerdem hupte er jedes Mal vergnügt, wenn er von weitem eine Schafherde die Straße überqueren sah. Erschrocken versuchte der Hirt seine Tiere vor einem Zusammenstoß mit diesem verrückten Teufelsungetüm zu bewahren. Sein Beifahrer, der Herr Zollamtsvorsteher, und die beiden Kinder auf dem Rücksitz lachten.
Pétros hatte vor lauter Aufregung die ganze Nacht nicht geschlafen. Er hatte schon gestern Abend seiner Mutter

erzählt, dass ihn der Herr Zollamtsvorsteher heute am Montag nach Arta ins Kino eingeladen hatte. Seine Mutter war den ganzen Vormittag mit Vorbereitungen für ihn beschäftigt gewesen. Sie hatte seinen Matrosenanzug gebügelt, die Schuhe gewienert und seine Ringelsöckchen gestopft. Nun thronte er stolz auf dem Rücksitz des Chevrolets zwischen Anthúla und ihrer Mutter. Sein Herz schlug vor Ungeduld und unbändiger Freude über diesen ersten Kinobesuch seines Lebens so heftig, dass sein Mund ganz trocken wurde und er sich beim Sprechen in den Wörtern verhedderte.

Anthúla hatte auch ihre beiden Kinder, Nínos und Dolly, mitgebracht, die sich allein zu Hause die Augen ausgeweint hätten. Pétros betrachtete sie voll Bewunderung verstohlen von der Seite, denn sie war heute wie eine Erwachsene angezogen, und er fand sie wunderschön. Er wollte ihr das sagen, schämte sich aber vor ihrer Mutter, der Frau Zollamtsvorsteher, die steif am Fenster saß und sie nicht aus den Augen ließ.

Anthúla trug einen geblümten Rock mit Volants und auf dem Rücken gekreuzten Trägern, schwarze Lackschuhe mit Riemchen und einem Knopf und weiße Söckchen. Aber am vornehmsten war ihr großer Krempenhut. Die Frau Zollamtsvorsteher nannte ihn *Capellino*. Er war aus Stroh mit einem himmelblauen Band und an der Seite sieben knallroten Kirschen. Aber erst ihre Handtasche! Ein Gebilde aus vielen Tausend bunten Perlchen in ineinander verschlungenen Kreisen, das ihr vom Hals herabhing.

Pétros wollte die Perlen aus der Nähe zählen, aber ihm wurde schwindlig, weil Dúlas Karanássos mit dem Chevrolet mit Karacho durch alle Löcher preschte. Er nahm die

Matrosenmütze ab, weil er plötzlich schwitzte, und fächelte sich damit zu wie die Frau Zollamtsvorsteher neben ihm mit dem Fächer. Auf dem schwarzen Band seiner Mütze stand in goldenen Großbuchstaben: NAWKRATÚSSA.
„Ich habe dich noch nie mit Mütze gesehen“, sagte Anthúla lächelnd zu ihm.
Pétros wurde rot. Er schämte sich. Nicht vor Anthúla, aber vor ihrer Mutter.
„Auch noch nie mit Schuhen“, fuhr Anthúla fort.
„Die Kirschen sehen aus wie echt“, sagte er mit gesenkten Lidern.
„Welche Kirschen?“, fragte sie und sah hinaus auf die Obstgärten.
„Auf deinem Capellino!“
Anthúla lachte, nahm ihren Hut ab und betrachtete ihn, als sei es das erste Mal.
„Die sind künstlich“, sagte sie.
Dann kamen sie in die Stadt. Pétros merkte es, weil es nach Milchkuchen roch. Er war schon oft mit seinem Vater in Arta gewesen und erinnerte sich an diesen Duft aus den Kuchenformen vor den offenen Backöfen. Ah, da waren auch die Albaner! Dúlas Karanássos fuhr mit seinem Chevrolet jetzt ganz langsam und hupte ständig, damit die Fußgänger zur Seite gingen und nicht angefahren würden.

„Wärest du das Töchterlein
des Herrn Bürgermeisters hier,
ich würd dich trotzdem küssen,
müsste ich auch ins Gefängnis.“

Dúlas Karanássos passte seinen Huprhythmus dem Lied an. Aber Pétros hörte nichts, weil er in Gedanken bei den Albanern war. Sie hatten ihm schon bei seinem letzten

Besuch in Arta auf Anhieb gefallen. Aufrecht und stolz standen sie in ihren bestickten Pluderhosen, einen blütenweißen Fez auf dem Kopf, vor ihren Holztischen, auf denen sie dunkles und helles Chalwás mit Hackebeilchen zum Verkauf zerkleinerten. Sein Vater hatte ihm damals Chalwás gekauft und anschließend dieses eiskalte Getränk aus dem Messingkrug, um das klebrige Zeug runterzuspülen. Da war ja auch Osmán, bei dem sie es damals gekauft hatten, mit dem Krug, der in ein weißes Tuch gehüllt war, damit der Inhalt kühl blieb.

„Kalt! Eiskalt!
Und wassermelonensüß."

So pries Osmán unter der Platane des Heiligen Dimítris seine Ware an.

„Darf ich euch einladen?", fragte der Herr Zollamtsvorsteher.

„Nein, nein …", antwortete Pétros hastig vor lauter Angst, zu spät ins Kino zu kommen.

Dann erreichten sie den Skufásplatz und hielten vor dem Kino an. Pétros sprang aufgeregt aus dem Auto und starrte voller Verlangen auf die Fotografien, die im Schaukasten mit Reißnägeln angeheftet waren. Anthúla kam zu ihm.

„Das ist er!", sagte sie.

„Buke Jones?", fragte Pétros.

„Ja. Und das ist der Sheriff."

„Ich sehe keinen Stern", sagte Pétros beunruhigt.

„Der ist auf der linken Seite. Man sieht ihn auf dem Foto nicht."

Pétros schluckte schwer. Er strengte seine Augen an, um diese neue Welt mit all ihren Wundern, die so plötzlich

und unerwartet auf ihn einstürmten, aufnehmen zu können. „Und der hier mit dem Stöckchen?"
„Das ist Charly. Den sehen wir heute."
„Der ist hier? Der ist nach Arta gekommen?"
„Aber nein, du Dummkopf ..."
„Wieso sehen wir ihn dann?"
„Wart's halt ab ..."
„Auf dem Foto?"
„Ja. Aber er bewegt sich, läuft und rennt."
„Ziehst du mich auf?"
„Tue ich nicht."
„Wie kann er herumlaufen, wenn er gar nicht da ist? Wie rennen? Rennen Fotos etwa?"
„Das ist halt Kino. Du wirst schon sehen ..."
Pétros war verwirrt. Er verstand das nicht, was Anthúla sagte. Er hatte doch schon Karagiósis-Theater gesehen, kannte alle Figuren, die Michálaros, der Karagiósis-Spieler, hinter der Leinwand an Stöckchen bewegte. Auch vom Theater, in dem richtige Menschen spielen, hatte er eine Ahnung, schließlich hatte ihn sein Vater zum Nationalfeiertag am 25. März zu einer Theateraufführung in der Schule seines Bruders mitgenommen. Jorjís hatte einen reich plissierten Rock, die Fustanella, und an den Füßen die vorne leicht nach oben gebogenen Tsarúchia getragen. In diesem Kostüm hatte er ein Gedicht deklamiert:

„Lärmender Instrumente Widerhall
tönt vom Berg Grawiás mit Schall ..."

Ja, Theater, das kannte er! Aber was wohl dieses Kino war?
Dann bekam er mit, dass der Herr Zollamtsvorsteher und seine Frau vorne an der Kasse standen. „Eine Ehre für uns,

Herr Zollamtsvorsteher", hörte er eine Stimme und kurz darauf Anthúlas Mama: „Kommt, Kinder …"
Er wachte jetzt vollends aus seiner Versunkenheit auf, und eine höhere Macht schien ihn durch die offene Tür ins Kino hineinzuziehen. Vor ihm an der Mauer befand sich eine weiße Leinwand, die zehnmal so groß wie seine eigene Karagiósis-Leinwand in der heimischen Waschküche war. Sein Herz schlug heftig.
Er merkte nicht, wann er Platz nahm, sondern nur, dass ihm die Handflächen wehtaten, weil er seine Hände vor lauter Beklommenheit so fest zusammengepresst hatte. Ihn interessierte nur noch diese weiße Leinwand.
„Gefällt's dir?", hörte er dann Anthúlas Stimme.
„Wann fängt es an?", fragte er statt einer Antwort gedämpft.
„Wart's doch ab …"
Der „Zeitvertreiber"-Verkäufer erschien in sauberer weißer Schürze und weißer Mütze. Seine „Zeitvertreiber" waren getrocknete Kürbiskerne, Kichererbsen und Mandeln. Sie halfen, den Leuten die Zeit zu vertreiben. In dem weißen Korb standen viele weiße Mokkatässchen mit etwas zusammengeknülltem Papier darin, damit nicht so viele „Zeitvertreiber" hineinpassten. Jedes volle Tässchen gab es für einen Fünfziger. Der Herr Zollamtsvorsteher kaufte für alle eine Portion und Pétros begann hingebungsvoll zu kauen.
„Du isst ja die Kürbiskerne mit der Schale!", entsetzte sich Anthúla und knuffte ihn.
Das Kino füllte sich. Männer, Frauen und Kinder hasteten herein, um sich und den Ihren gute Plätze zu sichern. Der „Zeitvertreiber"-Verkäufer pries seine Ware an: „Ganz

heiß! Ganz frisch!“ Der Herr Zollamtsvorsteher rief: „Zwei Gingerbier, bitte.“ Es herrschte Trubel und das Grammophon spielte laut das Lied:

„Fische brate ich
hier in der Küche.
Lass sie anbrennen
und komm heraus.“

Plötzlich brach das Lied ab und die Lichter gingen aus. Die Leute verstummten.

„Oh! …“, machte Pétros und sprang beunruhigt auf.

„Der Film fängt an“, flüsterte Anthúla.

„Wie sollen wir denn im Dunkeln etwas sehen?“, fragte Pétros besorgt.

„So ist das eben im Kino“, sagte Anthúla stolz.

„Du bist blöd“, sagte Pétros halsstarrig. Für sie ist das nur eine Gelegenheit, mich auf den Arm zu nehmen, dachte er. Er blickte sich suchend um, ob der Stromausfall repariert würde. Stattdessen strömte ein schmaler Lichtstrahl mit einem knarrenden Geräusch aus einer Öffnung vom Balkon gegenüber. Er verfolgte ihn bis zur Leinwand und sah dort voller Verblüffung ein Auto, schöner und neuer als das von Dúlas Karanássos, und eine Frau, die ein kleines Baby ganz alleine zurückließ, als sie ausstieg.

„Oh!“, entfuhr es Pétros mit klopfendem Herzen.

Noch bevor er sich von seinem Schreck erholt hatte, kamen Diebe und klauten das Auto. Als sie das Baby entdeckten, hielten sie an, warfen es hinaus neben den Abfall und fuhren weiter.

„Oh!“, entfuhr es Pétros nochmals und er wollte schreien. Anthúla hörte es und puffte ihn.

„Pst …“, sagte sie leise.

„Der kleine Wurm …“, sagte er mit zitternden Lippen. Aber da tauchte ein komischer, ärmlich wirkender Kerl auf. „Das ist Charly“, flüsterte ihm Anthúla zu.
Alle Leute im Kino fingen bei seinem Anblick an zu lachen. Nur Pétros lachte nicht. Er dachte an das kleine Baby. Da lief Charly zu dem Abfallhaufen. Als Pétros ihn so staksig mit seinem runden Hütchen laufen sah, seinem engen Jackett, seinem lächerlichen Schnurrbart, seinen weiten Hosen, seinen plumpen löchrigen Schuhen und seinem Stöckchen, spürte er, wie es ihm wieder leichter ums Herz wurde. Und als sich Charly gar über das Baby beugte, es in die Arme nahm, mit seinen schönen Augen anlächelte und tausenderlei fröhlichen Schabernack mit ihm trieb, konnte auch Pétros nicht mehr an sich halten und lachte mit. Dieser komische Vagabund war hinreißend süß und lieb.
Pétros lachte auch, als Charly dem Baby aus alten Säcken eine Wiege bastelte, und noch mehr, als er es mit einer Teekanne, über deren Schnabel er einen Nuckel geschoben hatte, fütterte. Seine Begeisterung riss ihn so mit, als Charly ein Loch in einen alten Stuhl machte und einen Nachttopf darunter stellte, damit das Baby hineinkacken konnte, dass er nicht einmal merkte, wie er Anthúla anrempelte. Plötzlich verschwanden Charly und das kleine Kind und es wurde dunkel. Dann ging das Licht an und der „Zeitvertreiber“-Verkäufer rief: „Heiß und frisch!“, und der Erfrischungsgetränke-Verkäufer antwortete: „Kalt und eisgekühlt!“, und die beiden sahen sich bitterböse an.
„Gefällt’s dir?“, fragte Anthúla Pétros.
Pétros sagte nichts, sah niemanden an, rührte sich nicht,

sondern wartete nur darauf, dass das Licht wieder ausging. Er hatte jetzt kapiert, dass man im Kino nur etwas sah, wenn es dunkel war.
„Gefällt es dir?“, fragte ihn die Frau Zollamtsvorsteher.
Pétros sagte nichts, sah niemanden an, rührte sich nicht.
Der Herr Zollamtsvorsteher sagte: „Was soll denn diese Fragerei? Seht ihr nicht, wie verzaubert der Junge ist?“
Tatsächlich war Pétros verzaubert. Als das Licht wieder ausging, verfolgte er schwer atmend und gebannt das Geschehen auf der Leinwand. Aus dem Baby war inzwischen ein Kind geworden, das Streiche machte und von Charly wie sein eigenes Kind gehalten wurde. Er liebte es, sorgte für es und bastelte ihm alle möglichen Spielsachen. Beiden ging es sehr gut, und sie hatten so viel Spaß miteinander, dass es eine Freude und Pétros glücklich war. Bis dann irgendwelche Bösewichte auftauchten und Charly das Kind wegnehmen wollten, er es aber mit verschiedenen Tricks rettete. Am Ende tauchte auch die Mutter wieder auf, die ihr Kind eigentlich nie hatte verlassen wollen und sich nun freute, es wieder gefunden zu haben. Pétros verstand das nicht ganz, aber das war wohl nicht so wichtig. Es gelang ihm, kurz vor Ende des Films von seinem Sitz aufzuspringen, um Charly zu erwischen, bevor dieser wegging.
Ganz leise, sodass ihn niemand hören konnte, sagte er zu Charly: „Das Wasser der Unsterblichkeit …“
Er sah sich gezwungen, es Charly genauer zu erklären, der ihn wohl nicht verstanden hatte, weil er nicht antwortete.
„Das Wasser der Unsterblichkeit, meine ich. Du liebst doch die Kinder und könntest mir, wenn du das nächste Mal nach Arta kommst, ein Näpfchen voll mitbringen …?
Für den lungenkranken Jungen, weißt du …“

5. Kapitel

Folgenreiche Begegnung im Hauptquartier

Pétros träumte die ganze Nacht und wachte erst spät auf. Sie waren gestern nämlich nicht zeitig ins Bett gekommen, weil sie nach dem Kino noch im „Restaurant Bukuwála", so hatte es der Herr Zollamtsvorsteher genannt, eingekehrt waren. Dort gab es viele Tische mit weißen Tischdecken und Blumenväschen. Sie aßen Meeräschensuppe und vorher Fischrogen, den die Fischzüchter von Logarú dem Zollamtsvorsteher geschenkt hatten. Kaum hatten sie Platz genommen, zog der Herr Zollamtsvorsteher den in Packpapier eingeschlagenen und verschnürten Fischrogen aus der Tasche. Sie wollten damit die Zeit überbrücken, bis das Essen kam, das sie beim Kellner bestellten. Anthúlas Vater schnitt den in eine Wachshaut gepressten Fischrogen wie zu Hause die Salami aus Lefkáda mit dem Messer in Scheiben. Pétros steckte sich eine Scheibe in den Mund und die Wachshaut blieb ihm gleich zwischen den Zähnen hängen.

„Die Haut macht man ab", belehrte Anthúla ihn. „Schau her, so."

Pétros spuckte die Wachshaut aus und aß den Fischrogen, der ihm sehr gut schmeckte, dann ohne Haut. Anschließend gingen sie noch in die Konditorei „Weiße Lilie", um Rawánikuchen zu essen, aber Anthúla zog Pantespánikuchen, ihre Mutter sirupgetränktes Kataífi vor und ihr Vater trank wieder Gingerbier.

Dann hupte es und Dúlas Karanássos fuhr mit dem Chevrolet am unteren Ende der Treppe gegenüber vom Lokal vor. Während sie im Kino gewesen waren, hatte er sich mit Ouso einen Schwips angetrunken und setzte nun, nachdem sie alle eingestiegen waren, den Chevrolet laut hupend in Bewegung.

Sie fuhren ein Stück auf der Straße mit den Silberpappeln entlang, mit dem schönen, silbern schimmernden Arachthosfluss zu ihrer Linken. Der Herr Zollamtsvorsteher begann mit seiner Bassstimme zu singen:

„Ein Mädchen, das sich um den Hals
ein feines Kreuz aus Gold gelegt …"

Anthúlas Mutter senkte den Kopf und berührte mit ihrer rechten Hand das Kreuz, das an einer Kette um ihren zarten Hals hing.

„Ich Armer neige mich zum Gebet,
dabei küsse ich sie, ganz aus Versehen …"

An dieser Stelle setzte Anthúla ihren Hut ab, lehnte sich an Pétros Schulter und schlief ein.

Dann fiel auch die Frau Zollamtsvorsteher mit ihrer tremulierenden Stimme ein und begleitete ihren Mann.

„Ich Armer bin nicht schuld daran,
dass ich als Christ geboren bin!"

Schließlich wurde auch Pétros müde und schlief mit dem Gesicht zum Fenster beim monotonen Gebrumm des Chevrolets und dem sich entfernenden Christenchoral ein.

Seine Mutter Martha erwartete sie im Hof, und der Zollamtsvorsteher, mit Anthúla im Arm, half ihr, den schlafenden Pétros hochzuheben. Sie unterhielten sich: „Wie war es?" – „Sehr schön, die Kinder waren begeistert!" –

„Haben Sie zu Abend gegessen?“ – „Aber sicher!“ – „Vielen Dank.“ – „Was sagen Sie da, es war uns ein Freude!“ – „Gute Nacht!“ – „Gute Nacht und nochmals danke schön.“ – „Sagen Sie das nicht noch mal!“
Als wiege er nicht mehr als eine Fliege, trug sie Pétros ins Haus und legte ihn auf sein Bett. Dann ging sie auf Zehenspitzen zum Fenster und schloss die Läden, damit die Sonne ihn nicht schon in aller Herrgottsfrühe weckte, schlug über ihm das Kreuz und machte beim Hinausgehen die Tür ganze leise zu. Als Pétros morgens die Augen aufschlug, hörte er Anthúla am Fenster, die lachend auf ihn wartete. Er machte den Fensterladen auf. Sie war barfuß, trug eine rote Schürze und hatte eine Scheibe Brot mit Rosinenmus in der Hand. Neben ihr bellte fröhlich Buke Jones.
„Hallo“, sagte sie, „ich gehe ins ‚Hauptquartier‘.“
„Wart auf mich“, erwiderte Pétros. „Ich wasche mich und komme mit.“ Zehn Minuten später waren sie schon unterwegs.
Pétros wusste jetzt, welches Stück sie spielen würden. Er sagte es Anthúla, die sich unbändig darüber freute, dass sie die Gorgone spielen sollte.
„Wenn ich den Text nicht richtig kann, dann musst du mir helfen.“
„Werd ich machen.“
„Du musst mich korrigieren.“
„Ja, sicher.“
„Weißt du, ich spiele zum ersten Mal Karagiósis.“
„Hast du's auch noch nie gesehen?“
„Auch nicht.“
„Du musst deinen Text auswendig lernen.“
„Werd ich machen.“

„Du musst auch lernen, wann du mit Antworten dran bist."
„Das sagst du mir dann."
„Na klar! Aber wir werden proben."
Pétros war heute sehr stolz. Er merkte, dass Anthúla auf ihn angewiesen war und voll Staunen an seinen Augen hing. So bewundert, plusterte er sich auf wie ihr Hahn Sultan, wenn ihm der rote Kamm anschwoll.
Voll Schwung sprang er über ein riesengroßes Wasserloch.
„Bravo!", lobte ihn Anthúla.
„Wenn ich will, springe ich noch viel weiter", sagte er und balancierte hin und her, um nicht zu fallen. Es hätte nicht viel gefehlt, und er wäre der Länge nach hingeschlagen.
„Spielst du Alexander den Großen?", fragte Anthúla, die so tat, als hätte sie seinen Beinahesturz nicht gesehen.
„Alexander den Großen, den Sheriff, Karagiósis und Buke Jones. Alle Männer."
„Bringst du sie nicht durcheinander?"
„Ich verstelle die Stimme. Mal spreche ich tief, mal hoch, als Sir Dionísios melodiös, ein andermal rau."
„Spielst du auch Frauen?"
„Ja. Aber durch dich wird das jetzt anders. Solange ich alleine war, habe ich auch die Wesirstochter gespielt."
„Hat das niemand gemerkt?"
„Nein, niemand."
Sie kamen an ein besonders großes Loch. Pétros nahm Anlauf und wollte in hohem Bogen darüber springen, doch war das wohl zu schwierig für ihn, denn er klatschte mit dem Hintern ins Wasser. Beschämt stand er auf und streifte mit den Händen das Wasser ab.

„Ich bin ausgerutscht“, sagte er.
„Das macht nichts“, tröstete ihn Anthúla, „das trocknet.“
„Bárbas Jorjís beispielsweise spricht Wlachisch. Also muss man auch Wlachisch können. Und Arwanitisch, also so was wie Albanisch.“
„Wozu denn Arwanitisch?“
„Wie soll man den Weligéka spielen, ohne Arwanitisch zu können? Pe ke, oré besewék!“
„Wo hast du das alles gelernt.“
„Von Michálaros. Er kommt jeden Sommer nach Kochíli und gibt Karagiósis-Vorstellungen.“
Als Pétros merkte, dass Anthúla ihn wegen seiner Sprachkenntnisse mit großen Augen bewunderte, fuhr er stolz fort:
„Do te jap, mie ne kok, oré besewék!“
Anthúla lachte.
In ihrem „Hauptquartier“ fanden sie die Tür der kleinen Hütte geschlossen vor. Was war hier los? Wer war hier gewesen und hatte gefegt? Wer hatte den Topf mit Wasser auf die Steinbank gestellt? Er hatte nie dort gestanden. Auch das Schatten spendende Schilfrohrdach über der Tür sahen sie zum ersten Mal. Verdutzt blieben die beiden Kinder stehen. Was sollten sie tun? Die Tür aufmachen oder erst anklopfen?
„Wenn da ein Drachen drin ist?“, ängstigte sich Anthúla.
„Es gibt da drin keinen Drachen“, sagte Pétros bestimmt.
„Lass uns gehen, ich habe Angst.“
Pétros machte mutig zwei Schritte auf die Hütte zu und stieß mit ausgestreckter Hand die Tür leicht an.
„Nicht!“, hörten sie von innen eine schwache Stimme.
„Mama!“, sagte Anthúla erschrocken.

Pétros rührte sich nicht. Er wusste nicht, was er tun sollte. Da ließ sich die Stimme aus der Hütte wieder hören, nun etwas lauter.
„Geht weg!“
Pétros sah zuerst zur Tür, dann zu Anthúla.
„Lass uns gehen, sag ich dir!“, drängte sie ungeduldig.
„Kommt bloß nicht näher“, rief es aus der Hütte, „geht bloß weg.“
„Das ist ein Kind“, flüsterte Pétros Anthúla zu, „kein Erwachsener. Komm, wir schauen nach.“
Doch plötzlich ging die Tür auf.
Im hinteren Teil der Hütte lag ein blasser Junge unter einer Decke auf einem aufgebockten Holzbett. Er versuchte sich aufzurichten.
„Kommt nicht herein“, sagte er eher bittend als wütend, „das geht nicht.“ Es war der Junge vom Kai.
Pétros winkte Anthúla herbei, die zögernd näher kam und auch durch die offene Tür sah.
„Komm“, sagte Pétros.
„Kommt nicht näher“, wiederholte der Junge.
„Wir tun dir nichts“, sagte Pétros ruhig.
„Es geht nicht, sage ich euch … Es geht nicht …“
Die beiden Kinder blieben in der Nähe der offenen Tür stehen.
„Nicht einmal bis hierher?“, fragte Pétros.
„Ich werde euch anstecken“, sagte der Junge mühsam.
Pétros und Anthúla sahen sich an. Dann erinnerte sich Anthúla an das, was ihr Vater ihr im Zusammenhang mit dem Jungen gesagt hatte. Sie wandte sich an ihn.
„Hast du die Schwindsucht?“, fragte sie ganz locker.
„Ja“, erwiderte der Junge ruhig.

Dann schwiegen sie alle drei eine Weile. Es gab nichts dazu zu sagen.

„Und ich werde sterben", sagte der Junge leise.

Eine Dohle flog draußen vorbei und machte „kra-kra". Pétros drehte sich nach ihr um.

„Der Flurwächter zahlt pro Kopf fünf Zehner."

„Was?", fragte der Junge erstaunt.

„Fünf Zehner, sage ich, pro Kopf. Dieses Jahr habe ich mit meiner Schleuder acht Drachmen gemacht."

„Wie viel hast du getötet?"

„Sechzehn. Es sind schlimme Vögel. Sie fressen die Saat."

„Warst du in Athen?", fragte Anthúla den Jungen.

„Ja."

„Im Sanatorium?", ergänzte Pétros.

„Ja. Sie haben mich nicht behalten."

„Warum?"

„Wir hatten kein Geld. Die Ärzte haben uns weggeschickt."

Anthúla biss sich auf die Lippen.

Der Junge hustete leicht und richtete sich wieder auf.

„Ihr müsst jetzt gehen, weit weg."

„Wie heißt du?", fragte Anthúla.

„Pános."

„Ich heiße Pétros", sagte Pétros, „und sie heißt Anthúla."

„Wie bist du hierher gekommen, wer hat dich hergebracht?", fragte Anthúla.

„Meine Mutter."

„Und wo ist sie jetzt?"

„Sie arbeitet."

„Wo?"

„In Jánnena. Bei Kótsiras."

„Und wer ist Kótsiras?“
„Ein Geizhals.“
„Was arbeitet sie denn bei Kótsiras?“
„Sie macht alles. Sie wäscht, putzt und kocht für ihn. Als Dienstmädchen.“
„Wie konnte dich deine Mutter hier alleine lassen?“
„Sie musste. Was sollte sie sonst tun?“
„Dich dahin mitnehmen, wo sie arbeitet.“
„Mich will niemand haben. Alle haben Angst.“
„Wovor haben sie Angst?“
„Dass ich sie anstecken könnte. Geht jetzt aber.“
„Und wann kommt deine Mutter?“
„Am Samstag. Sie kommt jeden Samstag. Bis …“
„Aus Jánnena?“
„Ja.“
„Warum hat sie denn nicht in der Nähe Arbeit gesucht? Sagen wir, in Arta oder in Philippiáda?“
„Hier in der Nähe kennt man uns. Man weiß, dass ich Schwindsucht habe.“
Anthúla war dem Weinen nahe. Pétros merkte es und nahm ihre Hand.
„Hast du keine Angst so ganz allein?“, fragte er Pános.
„Natürlich.“
Die beiden Kinder sahen sich an.
„Natürlich habe ich Angst“, wiederholte Pános hüstelnd. „Nachts kommen die Schakale herunter.“
Anthúla schluckte trocken.
„Und was isst du?“, wechselte sie das Thema.
„Meine Mutter hat mir Essen dagelassen.“
„Was denn?“
„Maisbrot, Oliven, Zwiebeln. Dort drüben.“

Er deutete mit den Augen auf einen Tontopf, über dem ein Tuch mit vier verknoteten Zipfeln lag. Da war wohl das Maisbrot drin.

„Sonst nichts?"

„Sie ist arm. Wir hatten noch den Großvater, der war Fischer. Aber er ist gestorben. Die Hütte hat ihm gehört. Deshalb hat meine Mutter mich hierher gebracht."

„Und dein Vater?", fragte Anthúla.

Pános schwieg, als habe er nichts gehört.

„Dein Vater?", fragte jetzt auch Pétros.

„Der war Räuber."

Die beiden Kinder sahen sich an.

„Was für ein Räuber?", fragte Anthúla erschrocken.

„Einer von der Retséi-Bande. So hieß es im Dorf. Die Gendarmen haben ihn umgebracht. Meine Mutter sagt aber, er sei kein Räuber gewesen. Die Retséi hätten ihn gefangen genommen, damit er sie nicht verrate. Er hatte sie zufällig bei einem Überfall beobachtet. Die Gendarmen haben ihn getötet. Es stand auch in den Zeitungen. Meine Mutter hat sie aufgehoben. Ich habe sie gelesen."

„Du hast sie gelesen?", fragte Anthúla bewundernd.

„Ja."

„Ganz allein?"

„Ganz allein."

„Du kannst lesen?", fragte Pétros.

„Kann ich."

„Und schreiben?"

„Ich war zwei Jahre in der Volksschule."

„Bringst du uns das auch bei?"

„Was?", fragte Pános.

„Lesen und Schreiben."

„Das geht nicht."
„Warum nicht?", fragte Anthúla.
„Wenn man herauskriegt, dass ihr mich besucht, wirft man mich hier raus. Was wird dann aus mir? Wo soll ich dann hin?"
„Niemand wird es erfahren", sagte Anthúla mit Nachdruck. „Wir halten es geheim. Nicht wahr, Pétros?"
„Ja, natürlich", sagte Pétros ängstlich.
„Und wenn ich euch anstecke?"
„Wir haben keine Angst. Nicht, Anthúla?"
„Nein, wir haben keine Angst", sagte Anthúla bebend und ergänzte dann: „Wir haben zwar kein Geld, aber wir werden dir Eier, Milch und Weißbrot bringen. Ich bringe dir auch meinen Sirup. Den nehme ich sowieso nicht."
„Meine Mutter sagt, dass Schwindsüchtige, die viel essen und sich nicht anstrengen, gesund werden. Ich habe es gehört, als sie das neulich über meinen Onkel in Préwesa sagte. Der ist gesund geworden."
„Ich bringe dir auch Rosinenmus mit. Wir haben ganz viel davon."
„Ich mag Huhn nicht. Ich wickle es in ein Stück Papier und bringe es dir."
„Und Süßigkeiten. Weißt du, wie viel wir in der Servante haben? Wir haben auch Fischrogen. Mein Vater bekommt ihn von den Fischzüchtern."
„Iss den bloß nicht mit der Haut. Das habe ich nämlich gemacht."
Anthúla und Pétros lachten laut. Aber Pános kamen fast die Tränen. Die beiden sahen es und hörten auf zu lachen.
„Wir bringen dir was zu essen", sagte Anthúla, „und du bringst uns Lesen und Schreiben bei."

Pános schüttelte den Kopf, als wolle er sagen, nein, das geht nicht. Er konnte aber nicht an sich halten.
„Ich bin doch kein Bettler ...“, klagte er.
Pétros und Anthúla sahen sich an und fühlten sich irgendwie schuldig.
„Wir halten dich auch nicht für einen Bettler“, sagte Pétros, als ob er sich rechtfertigen wolle.
Da begann Pános heftig zu weinen.
„Geht weg“, sagte er laut schluchzend. „Es geht doch einfach nicht ... Geht weg!“
Dann drehte er sich zur Wand und zog sich die Decke über den Kopf, damit sie nicht sahen, wie er weinte.

6. Kapitel

Was Frau Martha von herrenlosem Zollgut hält

Die Kinder begriffen lange nicht, ob die Ereignisse in Onkel Thomás kleiner Hütte in Wirklichkeit oder nur in ihrer Phantasie stattgefunden hatten. Sicherlich war es nicht mehr ihre Hütte und auch nicht mehr ihr „Hauptquartier". Sie konnten es von jetzt an nicht einmal mehr so nennen. Jemand anderer war jetzt dort Herr, auch wenn er kein Feind, sondern eher ein Freund war. War er das noch nicht, musste er es ganz schnell werden. So schnell wie möglich. Sie hatten nicht viel Zeit.

Nachdem Pétros und Anthúla Pános verlassen hatten, rannten sie flussaufwärts zu den Platanen. Sie setzten sich auf die großen Steine an den Wurzeln und lange fiel zwischen ihnen kein Wort. Sie mussten verschnaufen und sich von dieser Überraschung erholen, die so völlig unerwartet gekommen war.

Alle ihre Pläne waren über den Haufen geworfen worden. Ihre große Reise, ihre Karagiósis-Sheriff-Aufführung, die Taucherei, alles hatte sich von einem Moment zum anderen verändert. Keiner von beiden wusste, was von jetzt an geschehen würde. Sie wussten auch nicht genau, ob sie traurig oder fröhlich sein sollten. Durcheinander waren sie … Beide.

„Hast du Angst?", fragte Pétros Anthúla, die ihren Rock bis über die Knie hochgezogen hatte und mit ihren Beinen im Wasser des Wuwós herumplanschte.

„Wovor soll ich denn Angst haben?“, erwiderte Anthúla, ohne ihn anzusehen.
„Davor, dich anzustecken.“
Anthúla antwortete nicht sofort. Sie zog eine der Binsen neben sich raus, schälte sie und begann auf der weißen Wurzel rumzukauen.
„Meinst du, dass wir auch sterben?“, fragte sie dann.
„Wir müssen den Atem anhalten!“, sagte Pétros plötzlich.
„Wie lange?“
„Ich kann ihn lange anhalten. Ich hab das beim Tauchen gelernt.“
„Ich kann's aber nicht. Wenn ich ihn zu lange anhalte, platze ich.“
„Was machen wir denn dann?“, sagte Pétros betrübt.
„Wir waschen uns danach gründlich. Mit Seife. Hände und Gesicht.“
Die Binsenwurzel war bitter geworden. Anthúla spuckte sie aus. „Sie ist bitter“, sagte sie.
Dann schwieg sie. Pétros auch. Sie wussten nicht, was sie sagen sollten. Pétros machte zwei Schritte in Richtung Kochíli, kam aber zurück.
„Wir können aus dem Lager vom Zollamt Zucker und Reis holen“, sagte er zögernd. „Und Milch.“
„Wozu?“
„Für Pános“, sagte Pétros verschwörerisch.
„Klauen sollen wir das alles?“, fragte Anthúla erschrocken.
„So kann man das nicht nennen.“
„Wieso nicht?“
„Weil es doch herrenloses Zollgut ist. So nennt das mein Vater.“

„Was ist *herrenloses Zollgut*?“
„Zeug, das niemand haben will. So gut wie weggeschmissen. Hat dein Vater noch nie über herrenloses Zollgut gesprochen?“
„Nein“, sagte Anthúla und brach plötzlich in Tränen aus. Pétros verlor die Fassung. Das kam unerwartet. Einen Moment lang glaubte er, der Grund dafür zu sein. Ratlos sah er zu, wie Anthúlas Schultern zuckten, und wusste nicht, was er machen, was er sagen sollte. Zumal sie wohl nicht so bald aufhören würde zu weinen.
Mit zwei Schritten war er neben ihr.
„Warum weinst du?“, fragte er sie zärtlich.
Anthúla antwortete nicht. Sie weinte.
„Weil ich dir das von dem herrenlosen Zollgut gesagt habe?“
„Nein.“
„Wenn du meinst, dass es Diebstahl ist, nehmen wir nichts davon.“
„Nicht deshalb.“
„Warum dann?“
„Ich habe an die Schakale gedacht, die nachts von den Bergen runterkommen. Pános ist doch allein.“
Sie wandte sich um und sah, dass Pétros auch den Tränen nahe war. Dann musste er aber plötzlich lachen, riss Anthúla mit und wischte ihr die Tränen aus den Augen.
„Gehen wir baden?“
Ohne eine Antwort abzuwarten, zog er sein Hemd aus, knöpfte die Hose auf und sprang in den Fluss. Anthúla tat es ihm nach. Sie streifte sich ihren roten Rock blitzschnell über den Kopf und landete mit einem Kopfsprung neben Pétros. Das Wasser spritzte in tausend Tropfen auf, die in

der Sonne gelb, rot, blau, orange schimmerten und dann unter den fröhlichen Stimmen der beiden Kinder zersprangen.
„Nicht flussaufwärts. Da gibt's Senklöcher", rief Anthúla.
Pétros lachte laut, als habe er es nicht gehört.
„Heute Mittag kommt die Nawkratússa", rief er. „Gehst du rauf?"
„Wohin?"
„An Deck."
„Was soll ich da?"
„Tauchen. Du tauchst viel besser als ich. Du hältst lange den Atem an. Ich habe dich genau beobachtet."
„Mein Vater wird das nicht erlauben. Ich habe Malaria gehabt."
„Schade."
„Warum schade?"
„Wir könnten doppelt so viel verdienen."
Jetzt nahm sie die Strömung des Wuwós in Richtung Hütte und Amwrakikós mit. Zunächst merkten sie während ihrer Unterhaltung nichts davon, aber dann sah Pétros die Platanen hinter ihnen immer kleiner werden.
„Wir treiben ab", rief er Anthúla zu, die neben ihm schwamm.
Sie wendeten und schwammen stromaufwärts.
„Was hast du vorhin gesagt, über dieses ..."
„Herrenlose Zollgut?"
„Ja."
„Das wird verbrannt."
„Wo?"
„Vor der Lagerhalle."
„Warum?"

„Man hat es vergessen. Niemand will es haben."
„Und wer sagt, dass es verbrannt werden soll?"
„Der Zollamtsvorsteher."
„Mein Vater?"
„Ja."
„Dann müssen wir ihm zuvorkommen!"
Sie schwammen schneller und erreichten die Platanen. Pétros zog sich an den Binsen als Erster aus dem Fluss und hielt Anthúla gebückt die Hand hin. Sie griff danach und mit einem „Hopp!" zog Pétros sie an Land.
Die Sonne brannte und sie waren ganz schnell wieder trocken. Sie zogen sich an und machten sich auf den Weg. Sie mussten sich beeilen, um ihren neuen großen Plan in Angriff zu nehmen. Aber von weitem tauchte Anthúlas Mutter mit ihrem aufgespannten gelben Sonnenschirm und Buke Jones auf. Das Hündchen ließ seine Herrin sofort stehen, als es seine kleinen Freunde entdeckte, und sprang ihnen freudig bellend entgegen. Auch die beiden Kinder beschleunigten ihr Tempo.
„Guten Tag, Frau Zollamtsvorsteher", grüßte Pétros äußerst höflich, als sie bei Anthúlas Mutter anlangten.
„Ich habe mir Sorgen gemacht", sagte diese, ohne Pétros Gruß zu erwidern, „und so habe ich mich auf die Suche nach euch gemacht. Es ist beinahe zwölf. Wo wart ihr denn die ganze Zeit?"
Buke Jones kam zu Anthúla gestürmt und sie nahm ihn in die Arme. Während sie ihn streichelte, konnte sie besser lügen.
„Na, Mama, am Leuchtturm."
„Was habt ihr da gemacht?"
„Gespielt."

„Was habt ihr gespielt?"
„Reisender und Schiffbrüchige. Pétros war der Reisende und ich die Schiffbrüchige."
„In der prallen Sonne?"
„Nein, im Leuchtturm. Da ist Schatten."
„Ja, sicher", beteuerte Pétros, „wir haben im Schatten gespielt."
„So seht ihr aber nicht gerade aus. Ihr seid ja knallrot."
„Pétros will Matrose werden", sagte Anthúla.
„Kapitän", korrigierte Pétros. „Ich will zur See fahren!"
„Ja – aber wenn du so weitermachst, Herr Kapitän, schaffst du das nie", sagte die Frau Zollamtsvorsteher spöttisch. „Geht das nächste Mal nicht so weit weg."
„Jawohl, Frau Zollamtsvorsteher", meinte Pétros ernsthaft.
In diesem Moment ertönte die Schiffssirene.
„Die Nawkratússa", rief Pétros und sah zum Schildkrötenkap. Am fernen Horizont tauchte schwarzer Rauch auf und Pétros hüpfte vor Freude.
„Ich gehe jetzt tauchen", sagte er, blieb aber stehen.
„Darf Anthúla auch tauchen?"
„Von Deck?"
„Jawohl."
„Nein, lieber Pétros. Das ist nichts für kleine Mädchen. Das ist was für Jungens."
„Jawohl, Frau Zollamtsvorsteher. Das ist was für Jungens."
Dann ging er.

Beim Mittagessen fragte Pétros seinen Vater:
„Wann vernichtet ihr das herrenlose Zollgut?"
„Morgen früh. Warum fragst du?"

„Ich möchte das Feuer sehen."
„Diesmal wird es nicht verbrannt, sondern versenkt."
„Wo?"
„Wir laden es auf einen Lastkahn und versenken es im offenen Meer."
„Ist das nicht schade?", sagte jetzt Pétros Mutter, während sie ihrem Mann Essen auf den Teller tat.
„Was ist schade?", fragte er ernst.
„Dass ihr so viele Sachen ins Meer schmeißt, während Leute hungern. Wem würde es schaden, wenn du mal ein Säckchen Reis oder Hülsenfrüchte mit nach Hause bringen würdest, ein paar Dosen Milch, ein bisschen Zucker. Du weißt doch, dass dein Gehalt nicht ausreicht. Wer würde das schon erfahren?"
Der Vater sprang ärgerlich auf.
„Ist dir klar, was du mir da vorschlägst?"
„Wir schulden beim Krämer einen Monat, sage ich dir."
„Und weil wir Schulden haben, soll ich den Staat bestehlen?"
„Besser wir kriegen es, als die Fische. Das Leben ist teuer geworden, und nur der liebe Gott weiß, wie ich das schaffen soll."
„Aber wenn meine Dienststelle erfährt, dass ich mich im Lager bedient habe, schmeißt sie mich raus", sagte der Vater nun besänftigt.
„Wer soll das schon erfahren? Du bist für das Lager zuständig. Du hast die Schlüssel. Du hast alles gezählt. Wem gibst du Rechenschaft?"
„Meinem Gewissen!" Er nahm die Serviette ab, die er sich um den Hals gebunden hatte, setzte sich die Mütze achtlos auf und ging polternd durch die Hintertür hinaus.

Die Mutter stand schweigend auf.
„Bist du fertig mit Essen?“, fragte sie Pétros.
„Ja.“
Sie begann den Tisch abzudecken. Auf Vaters Teller waren noch ein paar grüne Böhnchen und Käsestückchen.
„Nicht mal aufgegessen hat er“, flüsterte sie traurig.
Sie ging in die Küche und kam wieder zurück. Sie strich mit den Händen die Brotkrümel auf der löchrigen Tischdecke zusammen, ging zum offenen Fenster und warf sie auf den Hof hinaus.
Draußen ertönte Gegacker.
„Was bedeutet Gewissen?“, fragte Pétros.
„Einen Dickkopf wie dein Vater zu haben, wenn dein Heim Not leidet.“
Sie sah Pétros Ei auf dem Tisch unberührt.
„Isst du dein Ei nicht?“
„Ich esse es heute Nachmittag.“
Pétros nahm es in die Hand. Die Mutter sammelte das Geschirr ein und brachte es in die Küche. Sie kam noch einmal wegen der Gläser und dem Krug zurück.
„Leiden wir Not?“, fragte Pétros mit gesenktem Kopf. Er hatte vor der Antwort Angst.
„Wir haben es nicht einfach, mein Sohn. Wir müssen zwei Haushalte unterhalten, weißt du. Den von deinem Bruder und deiner Oma oben in Arta wegen der Schule und unseren hier. Wie sollen wir mit einem Gehalt fünf Mäuler stopfen? Im September kommst du auch in die Schule. Dann haben wir noch mehr Ausgaben, Bücher, Hefte, Ranzen, Kittel …“
Ja, seinen Bruder Jorjís hatte er vergessen. Er ging in die dritte Volksschulklasse und war die ganze Woche über

weg. Er kam nur an den Wochenenden. In Kochíli gab es keine Schule. Dieses Mal war Jorjís einen ganzen Monat in Jánnena. Seine Tante Lenió, die Schwester seiner Mutter, hatte ihn mitsamt der Großmutter mitgenommen. Tante Leniós Mann war Silberschmied, und Jorjís arbeitete in seiner Werkstatt, um dieses Handwerk zu lernen. Es gefiel ihm.

Die Mutter brachte den Krug mit dem Wein und die Gläser in die Küche. Sie kam zurück, nahm die Decke vom Tisch und schüttelte sie zum Fenster hinaus aus. Im Hof gackerten wieder die Hennen.

„Wir erwarten jetzt auch jeden Tag deinen Onkel Pantelís. Was soll ich bloß machen? Wo ihn unterbringen? Panajía, heilige Maria! Kann man ihm die Tür verschließen? Schließlich ist er der Bruder deines Vaters. Außer uns hat er niemand. Und er liebt uns. Jedes Mal, wenn er gekommen ist, hat er einen Haufen Geschenke mitgebracht."

Sie sagte das, als spräche sie mit sich selbst, als sei Pétros nicht da. Sie legte die Decke wieder auf den Tisch und strich die Ränder glatt.

„Er ist ein wunderbarer Mensch mit einem Herzen wie ein Garten, der alles an andere verschwendet. Solche Menschen sucht sich das Schicksal aus und zeichnet sie. Er war hier acht Jahre mit einem Mädchen, frisch wie Quellwasser, verheiratet. Mit der einzigen Tochter von Pémbas aus Jánnena, einem vornehmen Mädchen. Sie hieß Angelikúla und war ein wahrhaftiger Engel.

Dein Onkel Pantelís hatte die beste Schneiderei von Préwesa, er nähte für den Bürgermeister, für den Regierungspräfekten, für den Friedensrichter, die Offiziere vom Stützpunkt. Er hatte auch einen stattlichen Besitz, ein großes Grundstück direkt am See, als Mitgift von Angelikúla bekommen, und beiden ging es gut. Sie wurden von allen bewundert und beneidet. Die Welt gehörte ihnen und auch ein Kind erwarteten sie. Aber der Sensenmann wurde eifersüchtig und holte Angelikúla bei der Geburt mitsamt dem Baby. So blieb dein armer Onkel einsam zurück. Den Verlust von Angelikúla konnte er nicht verschmerzen und er wurde vor Kummer krank. Erst war er für ein halbes Jahr in einem Sanatorium in Athen, dann in der Schweiz. Gott muss ihm das eingegeben haben, denn er wurde gesund. Wäre er hier geblieben, dann … Natürlich musste er einen Teil seines Grundstücks in Jánnena verkaufen, um das alles zu bezahlen. Aber wem ist schon ein Grundstück wichtig, wenn es um die Gesundheit geht."

„Geht es ihm jetzt gut?"

„Was?" Seine Mutter schien erst jetzt zu merken, dass sie nicht allein im Zimmer war.

„Geht es meinem Onkel jetzt gut?"

„Da er uns besucht, obwohl hier zwei Kinder sind, scheint er wirklich gesund zu sein. Was ist er doch für ein gescheiter Mensch …"

Vom Meer wehte eine leichte Brise und trieb den Geißblattduft vom Hof ins Haus. Die Mutter ging hinaus und pflückte einen Zweig. Auf der Konsole standen noch ein Glas und der Krug mit Wasser. Sie steckte den Zweig in das Glas und füllte es mit Wasser.

„Das ist sie", sagte die Mutter.

„Wer", fragte Pétros.

„Deine Tante Angelikúla."

Auf der Konsole standen die Familienfotos. Mutters Schwiegermutter, ihre Schwester Lenió mit ihrem Mann, sie selbst mit seinem Vater und Angelikúla mit Onkel Pantelís, alle als Bräutigame und Bräute, die Männer in schwarzen Anzügen und die Frauen in weißen langen Brautkleidern. Pétros kam näher.
„Die Schönste von uns allen", sagte seine Mutter und zeigte auf Angelikúla, die ihre Wange an die von Onkel Pantelís geschmiegt hatte und lächelte.
Unfreiwillig dachte Pétros an Anthúla. Sie sahen sich ein bisschen ähnlich.
„Und die Unglücklichste."
Die Mutter nahm die Kanne und ging in die Küche.
„Werden Schwindsüchtige wirklich gesund, Mutter?", fragte Pétros, als sie zurückkam.
„Da dein Onkel gesund geworden ist, nehme ich es an."
„Und haben sie Schmerzen?"
„Was?"
„Ich meine, wenn man Schwindsucht hat, hat man da Schmerzen?"
„Nein. Es ist eine Lungenkrankheit. Die Lungen tun nicht weh."
„Atmet man mit den Lungen?"
„Ja."
„Steckt man sich beim Atmen an?"
„Dein Onkel ist gesund. Wir haben keine Angst. Willst du Wassermelone?"
„Haben wir auch Aprikosen?"
„Haben wir."
„Wie viele?"
„Was heißt, wie viele? Wie viele willst du?"

„So viel wir haben."
„Willst du die alle essen?"
„Ja."
Seine Mutter lachte.
„Mehr als ein Kilo. Ich habe sie heute Morgen gekauft. Dein Vater hat nicht mal eine einzige angerührt. Verdirb dir nicht den Magen."
„Tu ich nicht."
„Ich gebe Onkel Pantelís diesmal dein Zimmer. Dir mache ich hier im Esszimmer auf dem Sofa ein Bett."
„Ach, Mutter, ich kann nicht."
„Was kannst du nicht? Auf dem Sofa schlafen? Es ist doch lang genug."
„Ich kann dir keine neue Kleiderschürze kaufen."
„Was kaufen?"
„Eine Kleiderschürze. In meiner Sparbüchse sind siebzig Drachmen. Ich würde sie dir ja kaufen, aber …"
„Wer sagt denn, dass ich von dir überhaupt eine Kleiderschürze haben will?"
„Deine ist doch schon ganz schäbig."
„Du würdest tatsächlich dein ganzes Geld opfern, um mir eine neue zu kaufen? Wer erlaubt dir das denn …?"
„Da frage ich doch nicht."
„Weißt du denn, wo man Kleiderschürzen kauft?"
„Die Frau Zollamtsvorsteher weiß das sicher. Aber jetzt geht es nicht …"
„Damit wäre ich bei einer guten Frage: Warum nicht?"
Pétros sprang auf und stürzte zur Tür.
„Ich gehe", sagte er.
„Wohin?"
„In die Waschküche."

„Du hast mir noch keine Antwort gegeben. Was willst du denn mit deinem Geld machen, wenn du mir keine Kleiderschürze kaufst?“
Pétros wechselte das Thema.
„Ich muss zehn Figuren ausschneiden. Gibst du mir ein neues Leintuch? Das alte hat Löcher.“
Die Mutter verstand. Sie beharrte nicht auf einer Antwort.
„Ich habe eins in der Truhe, dass ich für den Backtrog aufgehoben habe, aber du kannst es haben. Du hättest mir eine richtige neue Kleiderschürze gekauft und ich gebe dir ein altes Leintuch …“
Pétros ging auf den Hof, kam dann wieder zurück und sah seine Mutter an.
„Ach, Mutter …“, sagte er.
„Was ist denn jetzt schon wieder?“
„Bete für mich, dass ich schnell erwachsen und Reisender werde. Du wirst sehen, was ich dir dann für Kleiderschürzen kaufe“, sagte er und verschwand in der Waschküche.
Seine Mutter sah ihm lange nach. In ihr war alles in Aufruhr. Sie fröstelte. Vergeblich versuchte sie, sich zu fangen.
„Verrückt … ach, verrückt …“, sagte sie nur.
Und seufzte.

7. Kapitel

Schon lange auf der Flucht

Pános blieb lange, ohne sich zu rühren, im Bett liegen, nachdem seine Besucherin und sein Besucher gegangen waren. Er war traurig, weil er sie wegschicken musste. Doch was blieb ihm anderes übrig? Wie gern hätte er sie dabehalten, denn er hatte keine menschliche Stimme mehr gehört, seitdem ihn seine Mutter in diese abgelegene, einsame Hütte gebracht hatte. Und jetzt diese freundlichen Kinder … Ach, wäre er doch bloß nicht krank. Was könnten sie alles auf dem großen Platz zwischen Fluss und Meer spielen. Wie schön das wäre! Aber er hatte kein Glück und war krank geworden. Hatte er das etwa gewollt? Oder war er fahrlässig gewesen? Pech hatte er, ganz einfach. Seine Mutter sagte, er sei krank geworden, weil sie arm seien und in der Ebene lebten, wo es Moskitos und Sumpffieber gab. Dabei nahm er immer ganz brav die rosa Chininkapseln ein, die wie Zuckermandeln aussahen und die seine Mutter ihm gab, obwohl sie diesen unerträglich bitteren Geschmack im Mund hinterließen. Alles vergeblich. Das Chinin hat ihm nicht geholfen. Er musste jetzt abwarten, ob es das Essen tat.

Ich muss essen, auch wenn ich keinen Appetit habe, dachte Pános und stand wieder auf. Einen Moment lang glaubte er, die Kinder kämen zurück, weil er ihre Stimmen noch hörte. Er machte die Tür auf und sah hinaus. Keine Menschenseele. Nur zwei Dohlen ließen sich auf dem umgedrehten Kahn nieder und starrten ihn neugierig an, weil sie ihn zum ersten Mal in ihrem Schlupfwinkel sahen. Dann flogen sie weiter zum Leuchtturm, um ihren Freunden die Neuigkeit mitzuteilen.

Pános ging zum Holztisch. Er zog das Tuch von dem Tonkrug und holte das Maisbrot heraus. Er schnitt sich eine Scheibe mit dem Messer ab, holte sich eine Hand voll Oliven und ging langsam aus der Hütte. Er setzte sich auf den Kahn und begann zu essen. „Das muss sein", sagte er sich, „auch wenn ich keinen Appetit habe."

Der Fluss, grün und tief, floss träge an ihm vorbei zum Amwrakikós. Sähe man das gegenüberliegende Ufer nicht, könnte man meinen, es sei stehendes Wasser und kein Fluss. Ein kleiner Baumstrunk trieb an ihm vorbei, würde bald ins Meer hinausgetragen. Er erinnerte sich an die Boote aus Sepiaknochen, denen er als kleiner Junge Mastbäumchen aus Holz gebastelt und die er an der Küste in Wónitsa hatte segeln lassen.

Sollte er seiner Mutter erzählen, dass die beiden Kinder ihn heute besucht hatten? Würden sie wohl morgen wiederkommen? Waren sie verschreckt, weil er sie weggeschickt hatte? Auf jeden Fall würde er ihre Bitte erfüllen und ihnen Lesen und Schreiben beibringen. Auch Rechnen, wenn sie wollten. Zusammenzählen, Abziehen und Malnehmen. Nur durfte seine Mutter nichts davon erfahren, sie würde ihm die Hölle heiß machen. „Mein armer Schatz", hatte sie zu ihm gesagt, „du musst verdammt aufpassen. Lass keine Menschenseele in deine Nähe, sonst haue ich dich windelweich. Du musst schreien, alle fortjagen, hörst du? Notfalls wirf mit Steinen. Wenn man uns auch noch aus dieser Hütte vertreibt, haben wir nirgends mehr eine Bleibe."

Denn sie waren aus ihrem Haus in Kostakií in der Ebene vertrieben worden, als die Leute erfuhren, welche Krankheit er hatte. Der Dorfvorsteher und der Gendarm kamen eines Mittags und sagten zu seiner Mutter, sie solle ihre Sachen packen, das Haus räumen und das Dorf verlassen.
„Wo soll ich Ärmste denn hin?"
„Das ist dein Problem. Unsere Familien lädst du dir nicht aufs Gewissen."
Der Gendarm hatte eine ganze Schar Galgenvögel mitgebracht, die auf sein Zeichen ins Haus stürzten und alles, was nicht niet- und nagelfest war, durch Fenster und Türen auf das Gässchen warfen.
„Mein Junge", flehte sie und presste ihr Gesicht in beide Hände, „mein Junge."
Ihr Sohn lag mit hohem Fieber im Bett, doch niemand hörte auf sie, die Räuberwitwe. Sie war, auch wenn sie unschuldig sein mochte, eine Schande fürs Dorf. Seit dem Tod ihres Mannes vor sieben Jahren wollte man sie loswerden, hatte aber keinen Vorwand gehabt. Jetzt hatte man einen gefunden. „Sie soll verschwinden", gellten Stimmen aus den Fenstern gegenüber, „sie ist verseucht."
„Was habe ich ihnen getan", stöhnte sie gequält, „was habe ich ihnen denn nur getan?"
Um die Ecke kamen Leute mit Malerbürsten und Eimern voll Kalkfarbe, um das leere Haus sofort frisch zu weißeln und damit das Unheil zu bannen, die Gegend zu läutern. All ihre Sachen, Stühle, Tische, Schemel, die Kleidungsstücke des Jungen vom Wäschestapel, wurden auf dem benachbarten Acker auf einen Haufen geworfen.
„Wenn du das nicht bis heute Abend wegschaffst", sagte der Gendarm, „verbrennen wir es."

Wie sollte die Ärmste das schaffen? Ihr Junge war schon schwer genug und sie wusste ja nicht einmal, wohin damit?
Sogar die kleinen Dorfkinder kamen, setzten sich auf die Mauern und kletterten auf die Maulbeerbäume.
„Verschwindet!", schrie der Gemeindevorsteher, aber die Kinder dachten nicht daran, sich dieses Schauspiel entgehen zu lassen.
War von Kindern anderes zu erwarten? Sie ahmten nach, was sie bei den Erwachsenen sahen. Niemand hatte Mitleid mit der armen Frau und ihrem vaterlosen Jungen, sondern nur Angst um die eigenen Familien und das eigene Heim. Deshalb wollten sie alles möglichst schnell hinter sich bringen. Nur eine alte Frau drängte sich durch die Menschenmenge.
„Schande übers Dorf …", schrie sie, „das ist Sünde … Gott wird uns strafen!"
Aber niemand beachtete sie.
„Hast du gehört, was wir dir gesagt haben?", herrschte der Gemeindevorsteher Pános' Mutter an. „Was du nicht mitnimmst, verbrennen wir."
Sie ging ins Haus und holte ihren Sohn, in eine bunte Decke gehüllt, die sie selbst für ihre Aussteuer gewebt hatte.
Bei ihrem Anblick verstummte aller Lärm. Der Gemeindevorsteher und der Gendarm machten ihr Platz und die Dorfbewohner rührten sich nicht von der Stelle. Auch die Kinder auf den Mauern und Maulbeerbäumen waren still geworden.
Die Frau in Schwarz presste den Jungen, um ihn vor Angriffen zu schützen, eng an sich, hielt krampfhaft die

Decke fest und ging mit hoch erhobenem Kopf schweigend durch die Menschenmenge. Es war Mittag, die Sonne brannte sengend auf die Steinbänke und ließ den Atem stocken. Die bedauernswerte Frau lief ohne Ziel auf dem Fuhrweg aus dem Dorf hinaus in die verdorrte Ebene. Sie war am Ende ihrer Kraft und wäre unter der Last des Jungen zusammengebrochen, wenn sie nicht all ihren Mut zusammengenommen hätte. Sie wollte das Dorf möglichst schnell verlassen, sonst nichts, und bloß kein Mitleid.

In der Ebene machte sie unter einem niedrigen Wildbirnenbaum Halt, um sich in seinem schmalen Schatten auszuruhen. Es kostete sie Mühe, ihren Jungen gerade auf den Boden zu setzen und ihm mit ihrem verschwitzten Kopftuch die glühend heiße Stirn abzuwischen.

„Wo gehen wir hin, Mutter?", fragte der Junge und sah sie an.

Sie gab ihm darauf keine Antwort.

„Wenn ich den Krug mit Wasser mitgenommen hätte", sagte sie nur, „könnten wir jetzt etwas trinken."

„Gehen wir zu Großvater an den Fluss?", fragte der Junge.

„Die Hütte ist zu klein", antwortete die Mutter verzweifelt, „sie reicht doch kaum für ihn."

Sollte sie ihm sagen, dass der Großvater erst vor zwei Wochen an Lungenentzündung gestorben war und ihn todtraurig machen?

Da fiel ihr Wangelió ein, Pános' Taufpatin, mit der sie zusammen in die Volksschule gegangen war. Seit ihrer Hochzeit wohnte sie in Niochóri; und seitdem ihr Mann im Jahr darauf nach Amerika gegangen war, lebte sie allein. Sie würde zu Wangelió gehen, die würde sie nicht wegschicken. Aber bis Niochóri war es weit, ungefähr drei Stunden zu Fuß; und die Hitze würde sie umbringen. So beschlossen sie, sich noch eine Weile unter dem Wildbirnenbaum auszuruhen und sich erst nach Sonnenuntergang auf den Weg zu machen.

„Du hast sicher Durst, mein Liebling“, sagte sie zu ihrem Sohn und strich ihm übers Haar.

„Nur ein bisschen“, antwortete er, um seiner Mutter das Leben nicht noch schwerer zu machen.

Er fuhr sich mit der Zunge über die ausgetrockneten Lippen. Seine Mutter setzte sich neben ihn und tat, als schliefe sie, um ihn zum Schlafen zu verleiten.

„Mir scheint's besser zu gehen“, flüsterte Pános, fieberheiß an ihre Wange gelehnt.

„Du wirst staunen“, lachte sie ihn an, „wie gut du dich erholen wirst.“

So weit das Auge reichte, war alles eben, endlos und dürr, ohne Baum, ohne Hütte, nur ein sich durch die abgeernteten Maisfelder schlängelnder Fuhrweg, aber auch er ohne Leben, ohne Fahrzeuge.

In dem winzigen Schatten des Wildbirnenbaums kühlte kein Windhauch die glühend heiße Erde ab. Die Sonnenstrahlen, die von den trockenen Maisblättern reflektiert wurden, ließen ihre Augen schmerzen.

Ein Lastauto, zwei Pferdewagen und ein zweirädriger Karren fuhren an ihnen vorbei, ohne sie mitzunehmen, obwohl sie ihr bisschen Geld, das in ihr Taschentuch geknotet war, dafür anbot. Die Leute der Ebene waren mit ihren eigenen Sorgen beschäftigt und nicht an fremden interessiert. „Versuch dein Glück woanders, gute Frau.“

Dann kam der Zigeuner auf seinem Esel und die Mutter hielt ihn an. Er stieg ab.

„Reitest du nach Niochóri?“
„Ja, das tue ich.“
„Nimmst du uns mit?“
Der Zigeuner entdeckte den Jungen unter dem Wildbirnenbaum. „Ist er krank?“
„Ja, er ist krank.“
„Was hat er?“
„Das Fieber.“
Er half ihr den Jungen hochzuheben, auf den Esel zu steigen, den Jungen in die Arme zu nehmen und die Decke gut festzustecken.
„Wie kannst du bei dieser Hitze bloß so weit laufen?“, fragte ihn Pános' Mutter.
„Mein Leben lang bin ich zu Fuß gegangen“, antwortete der Zigeuner und setzte sich in Bewegung.
Ihre Schatten wurden länger. Pános' Mutter hielt sich mit einer Hand am Sattel fest, mit der anderen den Jungen an sich gedrückt. Einen Schritt vor ihnen ging der Zigeuner, die Hand am Halfter.
„Mein Junge hatte auch das Fieber. Seine Milz war geschwollen und sein Bauch wie ein Ballon aufgebläht. Von klein auf. Drei Jahre hat das gedauert. Bis zum Karsamstag. Als die Glocken die Auferstehung einläuteten, verließ ihn seine Seele.“
Sie zogen weiter und nach einer Weile sagte der Zigeuner: „Verfluchte Gegend. Sie stumpft einen völlig ab.“
„Sumpffieber und Mücken bringen uns um.“
„Das Chinin ist auch nichts weiter als Mehl … Die Hunde panschen es!“
Und weiter ging's, der Zigeuner barfuß voran, Mutter und Kind auf dem Esel hinterher.

Inzwischen wurden ihre Schatten noch länger, und die Sonne verlor ihre Glut, wurde viel sanfter, viel mitleidiger. In jener Stunde glichen die drei Menschen jenem Josef, seiner Frau Maria und ihrem Sohn Jesus, von deren Reise von Bethlehem nach Ägypten die Evangelien erzählen.
Der Zigeuner, die Frau und das Kind.
Bei Anbruch der Dämmerung trafen sie in Niochóri ein. Der Zigeuner half ihnen beim Absteigen und wollte um nichts in der Welt eine Entlohnung annehmen, und wäre es pures Gold gewesen. Er habe es für seinen prächtigen Manólos und dessen kleine Seele getan. Dann wünschte er ihnen eine gute Zeit und verließ sie. Was für ein Mensch, dieser Zigeuner!
Pános' Mutter klopfte an Wangeliós Tür, deren Freude groß war, als sie sah, wer vor ihr stand. Sie gab ihnen eines ihrer beiden Zimmer und unterhielt sich mit ihrer Freundin über die guten alten Zeiten, als sie noch keine Sorgen gekannt hatten, und über den Jungen. Aus Mitleid gab Wangelió Pános' Mutter die hundert Dollar, die ihr Mann ihr geschickt hatte. Sie solle ihren Sohn zu einem wirklich guten Arzt nach Athen bringen. Bliebe sie hier, so als Witwe ganz auf sich allein gestellt, würde sie ihn verlieren. Sie sollte schon am nächsten Tag das Schiff von Kochíli nehmen, sie selbst würde sie mit dem Pferdewagen zur Mole bringen. Doch heute Nacht sollten sie hier bei ihr schlafen. Ihren Hausrat wolle sie mit einem Lastwagen holen lassen, damit er nicht verbrannt würde.
Sie halfen dem Jungen ins Bett, brachten ihm frische Milch und Zwieback. Wangelió erzählte, dass sie in dieser Kammer hier das frisch geerntete Türkenkorn, wie sie den Mais nannte, lagere. Es sei viel, nämlich fünfhundert

Okka, und sie wüsste nicht, wohin damit. Aber für sie beide sei noch Platz genug.
Die beiden Frauen ließen den Jungen allein, der von allem, was heute passiert war, völlig erschöpft war, damit er schlafen könne. Sie gingen nach nebenan, um sich über ihre Männer zu unterhalten, der eine im Ausland, der andere ermordet.
Der Junge sah sich im schwachen Licht der Dämmerung, das durch die Fenster drang, in diesem seltsamen Zimmer mit dem Türkenkornhaufen um. Wozu lagen diese groben zusammengerollten Wolldecken quer über den beiden Betten? Was waren diese Rußgespinste in den Ecken und an der Decke, dichten Spinnennetzen ähnlich, die ihn an die selbstgesponnenen Wollknäuel seiner Mutter erinnerten? Die ruhige Unterhaltung der beiden Frauen nebenan wurde allmählich zum Wiegenlied, ließ die Konturen des Zimmers und die Lichtflecke auf den Wänden verschwimmen, und er fühlte den Schlaf zärtlich näher kommen. Im Leben gab es auch schöne Momente, nicht nur Qual und Dulden. Er seufzte tief auf. Wie als kleiner Junge setzte er die selbst gemachten weißen Bötchen aus Sepiaknochen ins Meer, half ihnen beim Ablegen in Wónitsa, von wo aus sie entlang der Küste nach Koronissía fahren sollten, indem er mit der Hand Wellen machte. Wie wunderbar war das alles, lieber Gott.
Plötzlich aber riss ihn lautes Gesumm aus seinen Träumen. Er öffnete die Augen und sprang erschrocken auf, als er sah, wie Leben in die Gespinste in den Ecken kam. Riesige Mückenschwärme stürzten sich gierig auf ihn und stachen ihn in alle unbedeckten Stellen, in Hände, Gesicht und Beine. Er schlug wie wild nach ihnen, aber es wurden

immer mehr Mücken, die ihn attackierten und ihm sicher alles Blut aussaugten. Wie sollte er diese Tortur überleben? Wie diese Menge totschlagen?
„Mutter!“, rief er entsetzt.
Seine Mutter und Wangelió kamen erschrocken hereingestürzt und sahen das Unheil. Wangelió löste mit der Bemerkung, die Ebene bringe sie noch alle um, die Schnur von den zusammengerollten Wolldecken und breitete sie über das ganze Bett, um den Körper des Jungen die Nacht über zu schützen.

Das glaubte ihm sicher niemand, was in der Nacht damals in Niochóri passiert war, obwohl die Narben an seinen Händen Beweis genug waren.
Inzwischen kam hinter dem Berg Makrinóros der Mond hervor und schien schützend auf die Hütte. Pános saß noch immer auf Großvaters umgedrehtem Kahn im Freien. Er hatte längst aufgegessen und seine Gedanken kehrten von den Mücken in Niochóri wieder zu den beiden Kindern hier in Kochíli zurück. Das war alles schon so lange her, er wollte nicht mehr daran denken, auch nicht daran, dass ihnen so übel mitgespielt worden war. Hier gab es jetzt Pétros und Anthúla.
Besuchten sie ihn wieder? Oder war für sie die Sache schon gelaufen? War er nun wieder Tag und Nacht mit dieser Einsamkeit ganz allein, bis seine Mutter am Samstag aus Jánnena zurückkam? Sollte er die Kinder überhaupt wieder zu sich lassen? Sie in die Hütte bitten, ihnen das Alphabet beibringen und sie womöglich anstecken?
Er dachte an die Empfehlungen des angesehenen Arztes in Athen, Sauberkeit, gutes Essen und keinerlei Kummer.

Von alldem konnte seine Mutter nur für Seife sorgen, woher denn das Übrige nehmen?
Falls die Kinder kamen, musste er den Unterricht im Freien abhalten. In der frischen Luft hier unter dem Schilfdach. Er müsste sich die Hände gut mit grüner Kernseife waschen, bevor sie kamen, durfte nicht in ihrer Nähe husten, sie nicht berühren und sie nicht an sich heranlassen. Sie müssten ihre Mitbringsel auf die Steinbank legen und er würde sie sich dann von dort holen.
Brachten sie ihm tatsächlich etwas von all den guten Dingen mit? Oder war das nur so dahingesagt und sie hatten ihn schon vergessen?
Ach, Pános, armer Teufel!
Er sah nach Kochíli hinüber, dessen Lichter schon seit geraumer Zeit brannten. Irgendwo in diesem Lichtermeer waren jetzt seine Freunde. Die abendliche Feuchtigkeit ließ ihn erschauern. Er lauschte, ob er die Schakale hören konnte. Nichts. Die Nacht war ruhig. Er ging mit dem Gefühl in seine Hütte, dass es ihm heute Abend besser ging.
Es war elf Uhr vorbei, ging auf halb zwölf zu. In Kochíli schlief alles. Die Petroleumlampen waren gelöscht, aber der Mond war voll und stand im Zenit. Jenseits der Mole breitete sich das gelbe Licht einer Gaslampe auf dem dunklen Wasser des Amwrakikós aus, wohl von einem Kahn, der mit Licht fischte.

Pétros schlich leise aus der Haustür und war blitzschnell auf der Gasse. Er sah nach rechts, nach links, zur Mole, zu Dermánis' Kaffeehaus: keine Menschenseele. Er lief auf Zehenspitzen bis zum Haus des Zollamtsvorstehers und blieb stehen. Er bückte sich und hob zwei Kieselsteine

auf, stieß sie behutsam aneinander, tik, tik-tik, tik, und wartete.
Kurz darauf knarrte es und die schwere Holztür ging auf. Anthúla erschien auf der Schwelle, lachte ihn an und zog die Tür langsam zu. Wieder knarrte es. Sie rannte zu Pétros. „Hast du den Schlüssel?", raunte sie ihm zu.
„Ja. Die Säckchen?"
„Hier sind sie." Sie zeigte ihm die drei Säckchen aus Stoff mit Schlaufen und ein Einkaufsnetz, das sie zusammengeknüllt in den Händen hielt.
„Hast du Angst?", fragte sie ihn.
„Nein", antwortete er.
„Wenn sie uns erwischen?"
„Was sollen sie uns tun?"
„Mich wird meine Mutter verhauen."
„Mich mein Vater an den Feigenbaum binden. Na, und irgendwann auch wieder losbinden."
„Ja", sagte Anthúla atemlos.
Unentschlossen standen sie da.
„Es ist Diebstahl", fuhr Anthúla nachdenklich fort.
„Wenn wir tauchen und die Sachen aus dem Meer holen? Sie werden doch im Meer versenkt?"
„Ja."
„Ist es dann Diebstahl, wenn wir sie aus dem Meer holen?"
„Nein."
„Also los. Schlimmstenfalls erwischt man uns."
Pétros nahm Anthúla an der Hand und beide glitten lautlos bis zur Tür des großen Lagerhauses.
Pétros hatte gestern Mittag seinen Vater gefragt, wo im Lager das herrenlose Zollgut aufbewahrt werde, und dieser

hatte es ihm hinten rechts gezeigt. Alles, was hinter dieser Schnur ist, hatte er gesagt, siehst du? Pétros hatte genickt und sich den Schatz gut angesehen, um nichts zu vergessen.
„Warum fragst du nach diesem Zollgut?“, fragte sein Vater arglos.
„Ich will zum Zoll“, hatte Pétros geantwortet.
„Da wirst du dein Glück machen!“, antwortete sein Vater lachend.
Der Schlüssel zum Lager steckte in Vaters Weste, die er über den Stuhl im Esszimmer hing.
Nachdem sich abends alle hingelegt hatten, war Pétros aus seinem Zimmer ins Esszimmer gegangen.
„Schläfst du noch nicht?“, hatte die Mutter aus dem Schlafzimmer gerufen.
„Ich will nur Wasser trinken.“
Er hatte den Schlüssel aus der Westentasche geholt, sich zur Tarnung aus dem Krug Wasser in ein Glas gegossen und war zurückgegangen.
„Mach die Tür zu“, hatte sich seine Mutter vernehmen lassen.
Aber Pétros war schon draußen gewesen.
Jetzt steckte er den Schlüssel ins Schlüsselloch der Lagertür, wobei ihm das Herz vor Angst bis an den Hals schlug. Er bemühte sich, Anthúla nichts davon merken zu lassen, um sie nicht noch ängstlicher zu machen. Aber seine Hand zitterte so stark, dass er das Schlüsselloch nicht gleich fand. Schließlich gelang es ihm und er schloss die Tür auf. Sie stürzten herein und machten ganz schnell die Tür hinter sich wieder zu.
„Ich habe Angst“, sagte Anthúla. Es war stockfinster und roch eigenartig.

„Ich habe eine Taschenlampe“, sagte Pétros und holte sie aus der Hosentasche.
Mit einem Knopfdruck hatten sie Licht im Lager.
„Hinten rechts“, sagte er und nahm Anthúla an der Hand.
„Ich habe doch Angst“, sagte sie und rührte sich nicht vom Fleck.
„Soll ich dich nach Hause bringen?“
„Und du holst die Sachen dann alleine?“, fragte sie beleidigt, weil es schien, als wolle er sie ausschließen.
„Aber sicher. Ich kann mit Angsthasen nichts anfangen!“, antwortete Pétros, obwohl er eine Heidenangst hatte, Anthúla könnte tatsächlich weggehen und ihn hier allein lassen. Seine Taschenlampe beleuchtete schließlich nur einen kleinen Teil des geräumigen Lagers.
„Na gut, ich komme mit“, sagte Anthúla in Anbetracht seines Mutes.
Sie gingen auf der rechten Seite nach hinten.
„Halt die Taschenlampe“, sagte Pétros und trat hinter die Schnur, „dann mach die Säckchen auf.“
Er holte das Klappmesser heraus, das zur Ausrüstung seines Karagiósis-Schattentheaters und der Figur des tapferen griechischen Freiheitskämpfers Kolokotrónis gehörte, und schlitzte damit vorsichtig den Pappkarton mit der Dosenmilch auf. Er ließ sich von Anthúla das Einkaufsnetz hinhalten und packte eine Dose nach der anderen, eins, zwei, drei, fünf, zehn, hinein.
„Reicht’s?“, fragte er.
„Können wir das denn tragen?“, hielt Anthúla dagegen.
„Wenn nicht, kommen wir eben noch mal“, sagte Pétros.
„Noch mal?“, meinte sie aufgebracht. „Nein, nein, ich komme nicht mehr hierher.“

„Jetzt Zucker", sagte Pétros und blickte sich suchend um. Auf gut Glück bohrte er mit dem Klappmesser ein Loch in einen Sack. Der Zucker schoss wie ein Wasserstrahl heraus.
„Leuchte mir", sagte er zu Anthúla.
Sie richtete die Taschenlampe auf den Sack.
„Halt mir das Säckchen hin."
„Und die Taschenlampe?"
„Leg sie auf den Boden."
Er fing den Zucker mit den Handflächen auf und schüttete ihn in das offene Stoffsäckchen, das Anthúla ihm hinhielt.
Eine Maus sprang auf einen der großen Säcke und sah die Kinder, die um diese Uhrzeit in ihr Reich eindrangen, verwundert an.
„Eine Maus!", japste Anthúla und ließ vor lauter Schreck das Säckchen fallen.
Die Maus erschrak noch viel mehr und floh.
„Ach, du Angsthase. Wegen einem Mäuschen stellst du dich so an ..."
„Von wegen Mäuschen", sagte Anthúla, „es war so groß wie ein Kater."
„Hast du etwa vor Katern Angst?"
Aufgebracht gab sie ihm einen kleinen Puff. Pétros lachte. Dann füllten sie weiter Zucker in das eine Säckchen und in das andere Reis.
„Reicht das?", fragte Pétros nachdenklich.
„Aber sicher. Lass uns jetzt gehen."
„Nimm du die Taschenlampe und die Milch. Ich nehme die beiden Säckchen", sagte Pétros.
Leise, wie sie gekommen waren, gingen sie, schlossen die

Lagertür und versteckten die Säckchen hinter der Zisterne in einem großen, brunnenähnlichen Loch aus Zement. Sie legten zwei Bretter darüber und darauf einen großen Stein zum Beschweren.
Morgen früh würden sie die Sachen holen und zu Pános bringen, der darauf wartete.
Pétros und Anthúla verließen das Zollamt.
„Hast du noch immer Angst?", fragte er sie.
„Jetzt nicht mehr!"
Sie blieben stehen, um kurz zu verschnaufen. Beide machten so etwas zum ersten Mal und waren aufgeregt. Auch wenn sie sich im Recht fühlten, sagte ihnen ihre innere Stimme doch, dass man so etwas eigentlich nicht tat. Deshalb versuchten sie jetzt, da alles, auch die große Angst, fast vorbei war, sich gegenseitig Mut zu machen.
„Schön, nicht?", sagte Pétros.
„Schön", sagte auch Anthúla.
„Bis morgen", sagte Pétros.
„Bis morgen", sagte auch Anthúla.
Dann trennten sie sich und gingen nach Hause.
Kurze Zeit später weckte Pétros das „Tik tik-tik, tik" von Steinchen, die aneinander gestoßen wurden. Am halb offenen Fenster stand schweigend Anthúla. Er ging zu ihr.
„Was hast du?", fragte er sie.
„Hörst du?", fragte sie ihn ängstlich.
„Was?"
„Die Schakale."
„Hast du Angst?"
„Ja."
„Wovor hast du Angst?"
„Dass sie in seine Hütte gehen."

8. Kapitel

Wie sich Wildbinsen in Buchstaben verwandeln

Der große Frachtkahn war schon weit draußen. Die Kinder standen an der Mole unter den hohen Tamarisken und sahen ihm nach. An Bord war Pétros' Vater in Uniform und gewährte, dass alles gesetzmäßig ablief. Die Matrosen sollten nicht behaupten können, das ganze herrenlose Zollgut versenkt zu haben, wenn sie davon einiges für ihre Familien abgezweigt hatten. So war Pétros' Vater schon bei der Verladung dabei gewesen und jetzt mit aufs offene Meer hinausgefahren. Wenn er das Protokoll unterschrieb, musste er sicher sein, dass alles versenkt worden war.

„Du hast Schuld, wenn es für Pános nicht reicht", sagte Pétros zu Anthúla und sah durch das Fernglas zu, wie die ersten Säcke ins Meer geworfen wurden.

Er war sehr niedergeschlagen. Heute Nacht mit Anthúla im Zollamtslager hatte er tatsächlich geglaubt zu stehlen und auch ganz schön vor Angst gezittert. Es war auch nicht richtig, heimlich den Schlüssel aus Vaters Weste zu klauen, das Lager aufzuschließen und sich an fremdem Eigentum, auch wenn es herrenlos war, zu vergreifen. Als er aber jetzt durch das Fernglas zusah, wie Dosenmilch, Reis, Zucker und Hülsenfrüchte einfach säckeweise ins Meer gekippt wurden, während der arme Pános in seiner Schilfhütte nur Maisbrot und Oliven zu essen hatte, wurde er ungeheuer wütend. Sie hatten Recht gehabt, sagte er sich, gestern Nacht drei Säckchen mit Lebensmitteln im Lager zu füllen, aber es war dumm von ihm gewesen, nicht allein noch einmal so viel zu holen. Dieser Angsthase Anthúla war daran schuld, aber auch er selbst, weil er auf sie gehört hatte.

„Gib's mir auch mal", sagte Anthúla.

„Was?"

„Das Fernglas."

Das Fernglas gehörte dem Leuchtturmwärter Kapitän Melétis. Er hatte Pétros heute Morgen damit beauftragt, es zum Leuchtturm zu bringen.

Pétros gab es Anthúla und sah sie dabei nicht an, weil er immer noch böse auf sie war.

„Wer sind nun die Diebe, die oder wir?"

Anthúla sah durch das Fernglas.

„Ich sehe nicht gut. Es ist unscharf."

Pétros drehte an dem Rädchen.

„Jetzt?", fragte er.

„Oho!", meinte Anthúla.

Die Säcke schienen so nah vor ihren Augen ins Meer zu fallen, dass sie glaubte, sie mit ausgestreckten Armen aufhalten zu können.

„Siehst du das?", sagte Pétros immer noch wütend. „Futter für Tsipúres und Meerbrassen. Denen geht's viel besser als Pános."

„Nimm's nicht so schwer. Herrenloses Zollgut wird immer wieder im Meer landen!"

„Bis wann …", sagte Pétros betrübt und blieb stehen.

„Nimm das Fernglas", sagte Anthúla zu ihm.

„Behalt's. Ich will's nicht sehen."

Zur gleichen Zeit vollendete Pános in der Hütte sein Werk. Nachts war ihm tausenderlei durch den Kopf gegangen, als ihn das entfernte Schakalgeheul um den Schlaf brachte. Auch der Gedanke an die beiden Kinder, die hier am Morgen gewesen waren, hielt ihn wach und ließ ihn nicht los. Sie hatten ihn ganz schön durcheinander gebracht, und er wollte sie unbedingt wieder sehen. Pános wollte die Morgendämmerung abwarten und sich dann draußen auf die Steinbank setzen, um die Kinder schon von weitem zu erblicken, wenn sie von Kochíli kamen. Er würde sie auch nicht mit leeren Händen erwarten. In dieser durchwachten Nacht hatte er einen Plan geschmiedet.
Deshalb stand er auf, als sich zart die Sonne hinter dem Makrinórosberg ankündigte. Langsam heizte sich die große Ebene auf, die goldenen Strahlen durchbrachen die grünen Tamarisken und ließen den Tau verdunsten. Er ging hinaus und atmete im duftenden Morgenwind so tief durch, als wolle er seine Lungen randvoll füllen und der Krankheit, die ihn tyrannisierte, keinen Raum lassen. Danach hockte er sich an den Fluss, um sich zu waschen. Zwei Wasservögel stoben unmittelbar neben ihm auf und verschwanden im Schilf. Pános hob den Kopf, als wolle er ihnen guten Morgen sagen, schlürfte eine Hand voll Wasser, spuckte es aus, hustete leicht und spuckte wieder aus. Er sah sich das Ausgespuckte genau an und atmete auf. Kein Blut. Voller Freude stand er leichtfüßig auf und machte sich an die Ausführung seines nächtlichen Plans. Doch vorher aß er etwas, denn er musste ja zu Kräften kommen, und noch nie waren ihm die getrockneten Oliven so lecker vorgekommen. Selbst auf dem harten Maisbrot kaute er so lange herum, bis ihm die Kinnladen wehtaten.

Und jetzt an die Arbeit, dachte er, damit ich fertig bin, wenn sie kommen. Er warf einen Blick in Richtung Kochíli, sah aber nichts außer zwei Möwen, die auf ihn zuhielten. Besser so, dachte er, sonst werde ich nicht fertig.
Er ging zum Flussufer und schnitt mit dem Messer Binsen ab, fünf, zehn, dreißig, fünfzig. Er hob sie auf, trug sie zur Steinbank und kappte die stacheligen Blütendolden. Dann holte er sich das Knäuel Bindfaden, das sein seliger Großvater auf einem Regal in der Hütte vergessen hatte, und machte sich an die Arbeit. Jetzt wünschte er sich sogar, dass seine Freunde hoffentlich noch nicht unterwegs waren, und vergewisserte sich durch einen Blick in Richtung Kochíli, denn er fing doch gerade erst an.
Aus der ersten Binse formte er einen handtellergroßen Kreis, den er mit Bindfaden zuband. Danach schnitt er die überflüssigen Enden ab und hielt das Gebilde bewundernd in der Hand.
„Ein O", sagte er freudig erregt, „ein Omikro."
Fix machte er noch ein O, das ihm viel besser gelang. Daran band er ein Stöckchen und schob es so lange hin und her, bis ihm das kleine a, das Alfa, aus seinem Lesebuch gelungen war.
Zum ersten Mal seit jenem Morgen zu Hause in Wónitsa, als er den ganzen Spülstein voll Blut gespuckt hatte, fühlte er sich leicht wie ein Vogel, der die Schwingen nur ausbreiten muss, um davonzufliegen. Zum ersten Mal, seit ihr „neues" Unglück, wie die Mutter das nannte, begonnen hatte. Das „alte" Unglück war der Tod seines Vaters.
„Das Beta wird mir schwer fallen", sagte er laut, und seine Stimme kam an diesem einsamen Ort als seltsames Echo zurück.

Pános lachte, als er es hörte.
„Auch das Thita, das Xi, das Fi und das Psi“, sagte er leise. „Schwierige Buchstaben, weil sie so füllig und ausladend sind. Man sieht überall den Bindfaden. Bin gespannt, ob mir das gelingt.“
Er holte sich eine neue Binse und versuchte sich am Beta. Er überlegte, dass es mit einem Buchstaben nicht getan sei, sondern dass er zwei, drei, ja fünf gleiche Buchstaben brauchte. Für *gála,* Milch, brauchte er beispielsweise zwei Alpha und für andere Wörter sogar drei. Mit flinken Händen formte er die Binsenbuchstaben und ließ sie in wirrer Unordnung auf den glatt getretenen glänzenden Boden fallen. Sie bildeten dort ausgefallene Wörter wie tsip, wau, miau, bäh, fss und www, als seien alle Tiere und Vögel aus seinem Dorf Wónitsa hierher in seinen Hof gekommen. Vor allem aber seine Katze Asprúla, sein Hund Mawrís und sein Distelfink Sonja, um ihm seine Einsamkeit leichter zu machen. Das fss, das waren die Meereswellen, die sich an dem Felsen vor ihrem Haus brachen. Die www waren der Wind, der an Sommermittagen von der Festung herunterwehte und die ganze Gegend mit Kiefern- und Harzduft erfüllte. Ach, alles klappte wunderbar, auch wenn er sich mit dem Omega schwer tat und eigentlich etwas Fischleim gebrauchen könnte, um es stabiler zu machen. Sowohl die Bank als auch die beiden Hocker, die die Kinder als Pulte benutzen konnten, musste er unbedingt weit von der Hütte wegrücken und zwischen den beiden Tamarisken einen Strick spannen, um seinen und ihren Platz klar voneinander abzugrenzen. Den Boden musste er blitzblank putzen, weil er auf ihm wie auf einer Tafel die Buchstaben ausbreiten wollte.

Als er jetzt seine fertigen Buchstaben zählte, kam er auf sechsundvierzig. Er sah wieder in Richtung Kochíli, aber von den Kindern war noch nichts zu sehen. Die Sonne, inzwischen hoch am Himmel, brannte auf die Erde. Die Luft flimmerte aschfarben um die Tamarisken der angrenzenden Ebene und aus den Pfützen stieg Hitzedunst auf.
„Sie kommen nicht …“, sagt Pános
Er spürte einen weichen Kloß im Hals. Lieber Gott, lass das nicht wieder Blut sein, dachte er und spuckte alles auf die helle Erde aus. Seine Spannung ließ nach, als er sah, dass kein Blut im Schleim war. Nur seine Beine spürte er jetzt ein wenig.
„Ich habe zu viel gemacht“, sagte Pános, „ich leg mich etwas hin.“
Also hängte er das Lámda, das l, das er noch in der Hand hielt, zu den anderen Buchstaben an den Nagel ganz hinten am Holzbalken und ging in die Hütte, um sich hinzulegen. Die Tür ließ er halb offen, damit seine Freunde wussten, dass er zu Hause war, und nicht wieder weggingen.
Pános musste eine ganze Weile geschlafen zu haben, denn er fühlte sich beschwingt und frisch, als er von Stimmen und Hundegebell geweckt wurde.
„Pános! Pános!“, hörte er und stand voll Vorfreude auf.
Er ging an die Tür und sah klopfenden Herzens seine Freundin und seinen Freund ganz allein durch diese gottverlassene Gegend zwischen den Tamarisken herstapfen. Ein kleiner Hund war bei ihnen, der lebhaft um sie herumsprang und offensichtlich zu ihnen gehörte. Das Mädchen schob einen Kinderwagen, in dem wohl zwei Puppen saßen. Wollten sie jetzt etwa mit ihm Puppen spielen? Pános machte die Tür sperrangelweit auf.

„Hallo, kommt hierher!“, rief er und kam zu ihrer Begrüßung heraus.
Er ging aber nur bis zum Strick, den er zwischen den beiden Tamarisken gespannt hatte. Die beiden Kinder kamen immer näher, und er versuchte sich nicht anmerken zu lassen, dass ihm das Herz bis zum Hals schlug.
Sie blieben an dem Strick stehen, als hätten sie verstanden, dass er die Grenze war. Nur Buke Jones rannte zu Pános und schnüffelte an seinen Füßen.
„Buke Jones, hierher!“, rief Anthúla ihn zurück.
Und Buke Jones folgte ihr.
Die drei Kinder blickten sich fröhlich und freundschaftlich an. Sie sagten nichts.
„Haben wir dich aufgeweckt?“, fragte Anthúla dann.
„Ich habe auf euch gewartet“, antwortete Pános.
Daraufhin holte Pétros die beiden Puppen aus dem Wagen und setzte sie vor ihm auf die Bank.
„Das hier ist Dolly“, sagte er, „und das hier Nínos. Es sind Anthúlas Kinder.“
„Er hat sie als seine Kinder angenommen“, sagte Anthúla und zeigte auf Pétros.
„Ach“, meinte Pános, woraufhin alle drei verstummten.
„Und das ist Dosenmilch“, warf Anthúla hastig ein.
Sie holte die Säckchen aus dem Kinderwagen und stellte sie nebeneinander auf die Bank, um möglichst schnell alles hinter sich zu bringen.
„Das ist Reis.“
„Und das Zucker.“
„Und das Rosinenmus.“
„Und das Zwieback.“
Pános staunte die Sachen mit großen Augen an. Dann

musste er sich umdrehen, weil er so gerührt war. Hinter sich hörte er seine Freunde sagen:
„Und Käse."
„Und zwei Eier."
„Und meinen Sirup."
„Und Weißbrot."
Pános verschwand in die Hütte und schloss die Tür hinter sich. Keiner sollte die Tränen sehen, die ihm in die Augen schossen. Er gab keinen lauten Ton von sich, keinen Seufzer, denn seine Mutter würde ihm die Hölle heiß machen, wenn sie erfuhr, dass ein so großer Junge wie er aus so nichtigem Anlass weinte. Mit seiner Mutter hatte er nur Probleme, weil sie ihn ständig ermahnte: „Halte dich fern von den Menschen, mein Sohn. Sie sind Bestien. Sie haben deinen Vater umgebracht und uns von zu Hause vertrieben." Ach, Mama, nicht alle sind so. Sieh dir diese beiden Kinder draußen an, was sie mir für Geschenke mitgebracht haben. Ach, Mama! Die Tränen tropften auf den Lehmfußboden, und er bemühte sich, sie mit seinen nackten Füßen zu verreiben. Er presste die Lippen fest aufeinander, um sich den Kindern mit keinem Laut zu verraten.
Pétros und Anthúla standen unschlüssig herum, wechselten kein Wort und starrten nur auf die geschlossene Tür. Sie warteten auf ihren Freund. Aber der kam nicht.
„Weint er?", fragte Anthúla.
Pétros war ratlos.
„Ich weiß nicht."
„Was haben wir ihm getan?"
Pétros zuckte bedrückt mit den Achseln.
„Gib mir dein Taschenmesser", sagte Anthúla.
Sie schnitt zwei Scheiben Brot ab, bestrich sie mit Rosi-

nenmus aus dem Glas und legte sie auf die Bank. Die Milch war schon offen und sie musste nur den Deckel anheben. „Komm!", rief sie dann zur Hütte gewandt.
Pános kam heraus. Er weinte nicht mehr, hatte aber rote Augen. Anthúla deutete mit einer leichten Kopfbewegung auf die beiden Weißbrotscheiben und die Milch auf der Bank.
„Setz dich hin und iss", sagte sie mit einem Lachen zu ihm.
„Ich habe schon gegessen", antwortete er.
„Dann iss noch mal."
„Ich kann nicht mehr."
„Versuch's doch!", drängte Pétros.
Pános sah sie mit seinen wunderschönen großen Augen an und wollte ihnen tausenderlei sagen. Wollte ihnen sagen, dass auch sie in Wónitsa ein eigenes Haus gehabt hatten, mit Tellern, sauberen Tischdecken und Servietten, dass sie nicht immer arm waren und er erst seit einigen Monaten krank war. Aber er sagte nichts von alledem.
„Ich geniere mich", flüsterte er stattdessen mit gesenktem Kopf, angestrengt darum bemüht, diese blöden Tränen nicht aufsteigen zu lassen, um sich vor seinen beiden Freunden nicht lächerlich zu machen.
„Genierst du dich vor uns?", fragte Pétros.
„Weil wir dich angucken?", setzte Anthúla hinzu.
„Nein."
„Warum genierst du dich dann?"
„Wegen allem", sagte Pános.
„Dann gehen wir wohl besser", meinte Pétros.
„Schon?", fragte Pános erschrocken.
„Nur kurz ins Wasser. Wir waren heute noch nicht schwimmen. Danach kommen wir wieder."

„Tun wir", sagte Anthúla und lächelte ihn an.
Sie gab Pétros mit den Augen ein Zeichen und sie rannten nebeneinander zum Fluss.
Sie sprang als Erste ins Wasser, dicht von Pétros gefolgt.
„Sie werden's merken", sagte Pétros, als er aus der Gischt auftauchte. „Wir haben eine Menge Zeug mitgehen lassen und sie werden's merken. Sie werden anfangen zu fragen. Und Pános entdecken."
„Meinst du wegen der Milch?"
„Auch wegen der Eier. Und dem Rosinenmus."
„Wir holen halt nicht jeden Tag etwas."
Wie auf Verabredung tauchten beide noch einmal und kamen wieder mit der Gischt hoch.
„Er braucht auch einen Kochtopf für den Reis", sagte Anthúla.
„Und einen Kocher, Spiritus und Streichhölzer."
„Wenn seine Mutter herkommt und ihn fragt, woher er das alles hat?"
„Wir müssen ihm sagen, dass er es verstecken soll."
Sie kamen aus dem Wasser und setzten sich in die Sonne, um zu trocknen. Keiner von beiden sprach. Sie hatten sich alles einfacher vorgestellt. Jetzt war ihnen klar geworden, dass die Situation schwieriger wurde, und sie bekamen es mit der Angst zu tun.
Als sie zur Hütte zurückkamen, war die Bank leer und sauber. Pános hatte alle Sachen in die Hütte geschafft und erwartete sie hinter der Schnur. Pétros und Anthúla kamen näher.
„Schwimmst du nicht?", fragte Antúla.
„Ich darf nicht", antwortete er, ohne sie anzusehen. „Ich darf auch nicht in die Sonne."

Mit gesenktem Kopf sah er auf den sauber gefegten Boden. Die Kinder taten es ihm nach und erblickten vor sich drei Reihen merkwürdiger Gebilde aus Binsen und Bindfaden, die aussahen wie Kreuze, zweizinkige Gabeln, Eier oder kleine Höcker.
„Was ist das?", fragte Anthúla.
„Das sind wir!", sagte Pános und ergänzte, als sie nicht zu verstehen schienen: „Wir drei."
Er bückte sich und zeigte auf die erste Reihe.
„Anthúla", sagte er. „Und daneben Pétros."
Dann deutete er kurz auf die dritte Reihe, die etwas weiter weg war.
„Und hier", sagte er, „das bin ich."

9. Kapitel

Angst

So begann also der Unterricht, den Pános seinem Freund Pétros und seiner Freundin Anthúla gab. Den beiden gefiel dieses Spiel mit den Buchstaben aus Binsen sehr. Wenn sie nicht bei ihrem Freund an der Hütte waren, schnitten sie selber Binsen ab, machten verschiedene Formen daraus und zeigten sie sich gegenseitig.
„Weißt du, was das ist?"
„Ein Gamma. Und das?"
„Ein Ro."
„Bravo."
Natürlich nur einfache Buchstaben, denn schwere konnten sie noch nicht. Mit einem Zweig schrieben sie auf den glatt getretenen Erdboden von Kochíli, verwischten aber alles wieder, um unangenehmen Fragen aus dem Weg zu gehen. Sie ritzten die Buchstaben tief in den feuchten Sand am Strand und sahen zu, wie eine kleine Welle alles auslöschte. Obwohl noch keine vier Tage seit dem ersten Unterricht vergangen waren, konnten sie bereits ihren eigenen Namen und auch den des anderen schreiben. Auch den viel einfacheren Namen *Pános.* Dann lernten sie *Milch* und *Käse. Butter* fiel ihnen schwer, *Honig, Öl* und *Brot* leicht. Lange Wörter wie *Doppelzwieback* und *Marmelade* verschoben sie beide auf die nächste Woche.
Pétros freute sich besonders, dass sie jetzt Schreiben und Lesen lernten. Zu Anthúla sagte er, er wolle das Stück, das

er sich über den Karagiósis-Sheriff ausgedacht hatte, nun ein für alle Mal auf Papier festhalten. Dann würde er den Text auswendig lernen und spielen. Sein Vater hatte stapelweise Papier aus dem Zollamt in der Schublade, weil er die Abrechnungen zu Hause machte.
„Meiner auch."
„Es ist liniert."
„Das von meinem Vater auch."
Am Sonntag würden sie Pános nicht in seiner Hütte besuchen, denn seine Mutter, die Frau in Schwarz, kam schon Samstagabend nach Kochíli. Er versprach ihnen, dass er alles, was sie ihm mitgebracht hatten, vor seiner Mutter in Großvaters Fischkiste gut verstecken und noch einen Flickenteppich darüber breiten würde.
„Auch die Buchstaben", meinte Anthúla.
„Ja, auch die Buchstaben. Am Montag erwarte ich euch dann wieder."
Pános' Mutter kam Samstag am frühen Abend. Die Kinder sahen, wie sie mit einem großen Korb am Arm aus einem Lastwagen stieg. An der Mole hatten sich viele Menschen eingefunden, weil heute die „Aris" kam, das Schiff mit den roten und blauen Streifen am Schornstein. Als die Leute aus Kochíli die Frau sahen, die sie ja alle kannten, wichen sie genauso wie damals zurück, als sie mit ihrem Jungen nach Piräus gefahren war. Ohne ein Wort, ohne einen Blick nach links oder rechts, ohne jemanden anzusehen, ging sie durch die Menge. Obwohl sie verbittert war, ging sie stolz am Ufer entlang und schlug dann den Fußweg zu dem Platz hinter den Tamarisken ein. Die Menge atmete auf, und die beiden Kinder lauschten der Unterhaltung im Kaffeehaus.

„Was hat die bloß wieder hier bei uns zu suchen?"
„Die will sich wohl den Kahn ihres seligen Vaters ansehen."
„Dem haben doch längst Salz und Sonne den Garaus gemacht. Den kannst du vergessen!"
„Ach, du lieber Gott, selbst wenn er heil wäre, würde niemand diesen verseuchten Kahn haben wollen."
„Aber der alte Thomás war doch nicht krank. Sein Enkel ist es."
„Die ganze Familie war krank. Seine Frau hatte doch auch Schwindsucht! Ach, lassen wir das."
Die Kinder lauschten im Stehen. Sie achteten auf jedes Wort aus lauter Angst, man könne ihnen im Dorf auf die Schliche kommen.
„Wir sollten die Hütte anstecken", sagte Dermánis, während er mit einem dreckigen Scheuerlappen die Kaffeehaustische abwischte. „Dann hätten wir ein für alle Mal Ruhe vor ihrem vornehmen Getue."
„Ich hau dem alle Kürbisflaschen kaputt", flüsterte Pétros mit zusammengepressten Zähnen Anthúla zu.
„Wenn er dich erwischt, schlägt er dich mit seinen haarigen Pranken windelweich", sagte Anthúla.
„Ich werde Buke Jones auf ihn hetzen, damit er ihn beißt."
„Buke Jones beißt nicht."
Buke Jones, der zu ihren Füßen saß, bellte, als er seinen Namen hörte. Von weitem ertönte die Sirene der „Aris" und war ihr Rauch zu sehen.
„Tauchst du?", fragte Anthúla.
„Ja."
Sie gingen hinüber zu ihren Tamarisken und setzten sich darunter. Sie wollten dort warten, bis das Schiff im Hafen

einlief und Anker warf. Buke Jones saß neben ihnen und sah auch hinaus aufs Meer.
Kochíli war ein winziges Nest, in dem nur wenige Leute das ganze Jahr über wohnten, so wie Dermánis mit seiner Kneipe am Strand, der Zollbeamte Tétsis und der Zollamtsvorsteher mit seiner Familie. Da war noch der Kolonialwarenhändler Wangélis, der Kurzwaren und auch Gemüse führte, der Stoffe mit dem Ellenbogen abmaß, dazu noch Apotheker war, auch Frisör und sogar bei Bedarf Blutegel ansetzte. Außerdem wohnten hier noch die anderen Zollbeamten und die beiden Fischer mit ihren Familien in den Hütten jenseits der Mole, der Leuchtturmwärter Kapitän Melétis, der Polizist und die beiden pensionierten Seeleute, die den ganzen Tag über an einem Tischchen bei Dermánis hockten, und Pétros' Eltern Chrístos und Mártha. Alle übrigen, selbst die Lastenträger und Seeleute, von denen keiner ein Haus in Kochíli besaß, waren nicht von hier. Sie waren Fischer, die dreimal in der Woche, wenn das Schiff anlegte, von den nahe gelegenen Fischreusen oder aus Menídi gegenüber herkamen. An allen anderen Tagen, Montag, Mittwoch, Freitag und Sonntag, wenn kein Schiff kam, war Kochíli wie ausgestorben. Die Mole, die staubigen Gässchen und auch der Strand lagen einsam. Die zwei, drei Dorfknirpse plantschten frei und halb nackt im flachen Wasser herum, wetzten auf dem Kopfsteinpflaster der einzigen Straße hin und her und brauchten weder Autos noch Pferdekarren zu fürchten. Es gab nur Hühner, die an einem Maiskolben pickten, der aus einem Sack gefallen war, und Katzen, die auf den ausgebreiteten Fischernetzen nach einer vergessenen Meerbrasse suchten. Sonst nichts. Himmlische Ruhe.

Vor ihnen dehnte sich der Amwrakikós wie eine unendlich Glasplatte aus. Das Wasser trug schließlich den Sieg über die Bodensalze davon, denn der Platanensamen von jenseits des Arachthos ging auf und zog in der weichen Erde Wurzeln. Aus den zarten, jungen Pflanzen wurden große Bäume, die für die Menschen von Kochíli recht merkwürdig aussahen. Doch sie standen weit weg von Kochíli und niemand nahm diese Viertelstunde Weg auf sich. Warum? Das Kaffeehaus von Dermánis war besser.
Dort sorgte die „verseuchte Räubersfrau" jetzt für viel Gesprächsstoff.
„Was hat die wohl mit ihrem Jungen gemacht?", fragte Kapitän Anéstis Wlojáris, als er sah, wie Pános' Mutter den Weg zu den Tamarisken einschlug.
„Ist der noch nicht gestorben?", fragte der alte Kapitän Minás gleichgültig und knallte seine Karten auf den Tisch. Sie spielten Préfa.
„Das hätten wir erfahren", antwortete der Zollbeamte Tétsis.
„Quatsch", tönte Dermánis hinter der Theke, „die hat ihn sicher da oben bei Jánnena in irgendeiner Höhle ausgesetzt. Die hofft, die wilden Tiere fressen ihn auf und sie hat dann ihre Ruhe."
„Sag so was nicht", meinte Herr Tétsis, „sie ist schließlich seine Mutter."
„Diese verfluchte Krankheit nimmt keine Rücksicht auf Verwandtschaft", meinte der Leuchtturmwärter Kapitän Melétis und wiegte nachdenklich den Kopf hin und her. „Sie sagt sich sicher: ‚Mein Kind ist sowieso verurteilt und warum soll auch ich sterben.'"
„Da hast du Recht", mischte sich der Polizist ein. „Die

Frau ist jung und schön. Schon mit zwanzig war sie Witwe. Sie hat noch ihr ganzes Leben vor sich."
„Sag's schon, wo und warum sie Witwe geworden ist", sagte Kapitän Minás herausfordernd. „Sag es."
„Ich?", erwiderte der Polizist verlegen. „Warum ich?"
„Warst du damals nicht dabei, als dieser Räuber, der ihr Mann war, umgebracht wurde?"
„Ich war dabei, habe aber nicht auf ihn geschossen ..."
„Warum hast du nicht geschossen?", bedrängte ihn Anéstis Wlojáris.
„Weil ich keinen Menschen umbringen kann und schon gar nicht, wenn er unschuldig ist."
„Wieso unschuldig? War er etwa kein Räuber?"
„Nein", bekannte der Polizist, „er ist grundlos erschossen worden."
„Du hast ja bloß Angst gehabt", sagte Kapitän Minás, um ihn zu ärgern.
„Das ist doch gar nicht wahr", sagte der Polizist, „aber der Mensch hatte nichts verbrochen. Warum sollte ich ihn denn töten?"
„Wenn du keine Angst hast", sagte Wlojáris, „dann gehst du wohl auch zu ihrer Hütte?"
„Zu welcher Hütte?", fragte der Polizist nun doch beunruhigt.
„Zu ihrer." – Der Polizist drehte sich unbewusst in Richtung Leuchtturm. Er sagte nichts.
„Hast du Angst?", fragte Minás.
„Hast du Angst davor, dich anzustecken?", vervollständigte Herr Tétsis.
Der Polizist wandte sich ihnen wieder zu und sah alle so an, als schäme er sich.

„Wer hat denn keine Angst?“, sagte er mit neuem Mut. Plötzlich herrschte im Kaffeehaus völlige Stille, als habe ein kalter Windzug sie alle zu Eis erstarren lassen. Der Polizist spürte das.
„Ich frage euch, wer hat denn keine Angst?“, setzte er jetzt, noch mutiger geworden, hinzu. „Wer von euch hat den Mut, zu ihrer Hütte zu gehen?“
„Pik“, sagte Wlojáris und deckte seine Karten auf.
„Herz“, machte Minás weiter und nahm sie auf.
„Ich muss zugeben, dass ich mich versündige“, sagte der Leuchtturmwärter. „Obwohl ich zweimal am Tag diesen Weg mache, schlage ich einen möglichst großen Bogen links um ihre Hütte.“
„Ich hab sonst vor nichts Angst“, prahlte jetzt der Polizist. „Ich mache alles, was ihr wollt, schlage mich mit der Retséi-Räuberbande rum, jage Wildschweine ohne Gewehr oder schwimme im Winter durch den Arachthos. Nur verlangt nicht, dass ich es mit der Schwindsucht aufnehme. Wie soll ich die bekämpfen?“
Dieselbe Angst lähmte damals alle Leute in den Dörfern am Rand der Ebene. Von der Schwindsucht gab es keine Heilung, und wer sich ansteckte, hatte keine Chance, war zum Tod verurteilt. Das glaubten alle. Weder Krankenhäuser noch Ärzte wollten sich um die Kranken kümmern. Die Verwandten brachten sie weit außerhalb der Dörfer und überließen sie dort einsam dem Tod, damit sich die Gesunden nicht ansteckten. Sie wurden ihren Angehörigen gegenüber unbarmherzig und böse, doch waren sie zu verurteilen? Die Angst ließ sie so werden. Sie spürten, dass diese Krankheit stärker als der Mensch war. Niemand konnte sie besiegen.

Das alles sagte ihnen der Polizist. Er hätte ihnen noch mehr gesagt, aber drei Signale von der „Aris" ließen sie aufspringen. Das Schiff war im Hafen eingelaufen. Sie gingen zu seinem Empfang an den Kai.

Pános hörte in seiner Hütte auch die Signale und öffnete das kleine Fenster, um besser zu hören. Aber genau in diesem Augenblick kam seine Mutter zur Tür herein.

„Mama!", rief Pános und fiel ihr um den Hals.

Er hatte sie seit einer Woche nicht gesehen. Trotz der Gesellschaft seiner beiden Freunde in den letzten Tagen verspürte er ein großes Bedürfnis, sich in den Armen seiner Mutter auszuweinen.

„Was hast du denn, mein Sohn?", sagte sie und streichelte ihn.

„Ach, Mama, Mama", schluchzte er.

„Mein Kleiner", beruhigte sie ihn. Sie strich ihm über den Kopf und küsste ihn auf die Stirn. „Deine Haare sind ganz strohig geworden. Ich wasche sie dir heute Nachmittag."

Dann rückte sie etwas ab und sah ihn voll Sehnsucht an.

„Gut siehst du aus", sagte sie zu ihm. „Ich will nichts beschwören, aber du siehst seit dem letzten Mal erholter aus."

Pános sah sie bewundernd an.

„Mama, Mama", flüsterte er kaum hörbar.

„Hast du Angst gehabt?", fragte sie ihn dann.

„Wovor?"

„Vor den Schakalen und weil ich dich allein gelassen habe."

„Die Schakale kommen nicht ans Haus. Die fürchten sich auch."

Die Mutter machte den Korb auf.

„Ich habe dir Gemüseauflauf mitgebracht", sagte sie, „Hühnchen, frisches Maisbrot und etwas Käse. Mehr hatte ich nicht, mein Junge."
„Das reicht, Mama", sagte Pános und schämte sich, weil er ihr nicht verraten durfte, wie viel geschenkte Dinge er in den letzten Tagen, als sie nicht hier war, gegessen hatte.
„Ich muss auch die Schulden abzahlen", sagte sie dann, als wäre sie ganz allein.
„Was für Schulden?", fragte Pános.
„Die bei diesem Geizhals Kótsiras. Ich habe mir bei ihm tausend Drachmen geliehen."
„Hast du nicht gesagt, Wangelió in Niochóri habe dir Dollars gegeben?"
„Die haben nicht gereicht, Pános. Fahrkarten, Hotel, Ärzte, Röntgen. Was zuerst zurückzahlen? Jetzt arbeite ich nur noch die Schulden bei ihm ab. Er behält meinen ganzen Lohn ein. Nur zu essen gibt er mir. Aber in sechs Monaten bin ich meine Schulden bei dem Geizhals los und dann …" Sie lächelte mit einem bitteren Zug um den Mund und nahm ihn ganz fest in die Arme.
„Dann … werden wir uns ein Haus in Jánnena nehmen, ich hab sogar schon eins ausgesucht, direkt am See und mit einem Hof. Die Schule ist auch ganz in der Nähe, nur ein paar Schritte. Eine schöne Schule aus behauenem Stein. In Jánnena kennt uns niemand. Dann kaufe ich mir auch einen Webstuhl …"
Sie glaubte nicht an das, was sie ihm da erzählte, und musste sich selbst Mut machen, um überzeugend zu wirken. Pános durfte nicht dahinterkommen, dass sie nur ihre Träume beschrieb, die nichts mit der Wirklichkeit zu tun hatten.

Pános lauschte mit weit aufgerissenen Augen dieser Vision, die süßer war als Kuchen und sogar süßer als der Honig, den ihm die Kinder in den letzten Tagen gebracht hatten und den er löffelweise aß. Dann musste er wohl seine beiden Freunde zurücklassen.

„Werden wir manchmal hierher kommen?", fragte er seine Mutter zaghaft.

„Wohin? Hierher?" Seine Mutter sprang wie von der Tarantel gestochen auf.

„Ja, hierher", sagte Pános verhalten, „in unsere Hütte, meine ich."

„Wieso in die Hütte?"

„Zur Erinnerung", sagte Pános bittend.

Die Mutter verstand, dass sie ihm das nicht abschlagen durfte, dass sie ihm den Himmel mit allen Sternen versprechen musste, wenn er sich ihn wünschte, um ihm eine Freude zu machen.

„Wann du willst, kommen wir her, mein Sohn", sagte sie reuig.

Das beruhigte ihn. Beinahe hätte er ihr alles gebeichtet, wäre fast rausgerannt zu Großvaters Fischkiste, hätte sie aufgemacht und ihr all die wunderbaren darin verborgenen Schätze gezeigt. Die Eier, die Salami, den Kassérikäse, das Weißbrot, all die Geschenke, die Anthúla und Pétros jeden Tag anschleppten. Fast hätte er ihr gesagt, dass es keine Bettelei sei, sondern dass er die Kinder mit jenen zehn, zwanzig, fünfzig, hundert Buchstaben, die er selbst gemacht hatte, unterrichte. Fast hätte er den Flickenteppich hochgehoben, um ihr die Binsenbuchstaben zu zeigen und ihr zu sagen, dass es ihm jetzt seit zwei Tagen besser ging, ihm seine Beine nicht wehtaten und er kein

Fieber hatte. „Vielleicht, Mutter“, hätte er beinahe gesagt, „wer weiß, sterbe ich doch nicht, vielleicht, Mutter. Sei nicht traurig.“

Er beherrschte sich aber und verriet nichts. Er hatte Angst, sie würde ihn vor lauter Schreck von hier wegbringen. Schließlich hatte sie ihm doch alle Kontakte untersagt. Es würde sie nur noch mehr belasten. Alles wäre verdorben.

So erzählte er nichts.

„Ich habe kein Blut gespuckt, Mama“, sagte er nur mit leuchtendem Gesicht, „seitdem du das letzte Mal hier warst. Kein einziges Mal.“

„Wirklich?“, erwiderte seine Mutter und traute ihren Ohren kaum.

„Ja, wirklich, Mama.“

Sie schlang ihre kräftigen Arme um ihn, drückte ihn fest an sich und wiegte ihn, als tanze sie mit ihm. Erfüllt von einer ungeheuren Freude, wie seit Jahren nicht mehr, rief sie: „Du wirst sehen, mein Sohn, du wirst uralt. Du wirst sehen, uralt wirst du! Uralt!“

10. Kapitel

Der Besuch des Onkels

Am selben Tag wurde Pétros' Onkel Pantelís, der Bruder seines Vaters, mit dem Schiff aus Préwesa in Kochíli erwartet. Die Mutter hatte es Pétros schon erzählt und das Kinderzimmer für den Onkel hergerichtet. Pantelís schien wieder völlig gesund zu sein und keinerlei Ansteckungsgefahr zu bestehen, denn sonst hätte ihr Mann diesem Besuch nie zugestimmt. Da sie Kinder hatten, traf er eine solche Entscheidung nicht leichtfertig. Schließlich hatte er Verantwortungsgefühl!

Jetzt erwartete er ihn in Uniform und Schirmmütze an der Mole. Fröhlich sprang Onkel Pantelís, groß, kräftig und braun gebrannt, aus dem Boot und blieb bewundernd vor seinem Bruder stehen. Pétros sah ihn zum ersten Mal und starrte ihn mit offenem Mund an, so bedeutend erschien er ihm in dem blütenweißen Anzug, dem schönen Panamahut und den weißrotbraunen spitzen Schuhen mit einem Muster aus kleinen und großen Löchlein.

„Chrístos!", rief Onkel Pantelís und breitete die Arme aus, die so lang waren wie die von Dermánis.

„Pantelís!", erwiderte der Vater. Dann umarmten sich die beiden Brüder.

Pétros stand mit Anthúla unter den Tamarisken und beobachtete die Szene.

„Siehst du", wandte er sich an sie, „das ist mein Onkel aus der Schweiz. Er hat Schwindsucht gehabt."

„Schwindsucht?“
„Ja. Er war im Sanatorium.“
„So braun gebrannt?“, wunderte sich Anthúla.
„Ja. Er wohnt bei uns und schläft in meinem Bett.“
„Hast du denn keine Angst?“ – „Wovor?“
„Dass du dich ansteckst.“
„Er ist jetzt gesund, sagt mein Vater.“
Die Kinder rührten sich nicht von der Stelle und betrachteten den Onkel voller Bewunderung.
„Kann er uns sagen …“, fing Anthúla schließlich an.
„Was soll er uns sagen können?“
„Wie man gesund wird.“
Pétros’ Vater blickte sich suchend um und pfiff ihm zu, als er ihn unter den Tamarisken entdeckte. Dann wandte er sich wieder an seinen Bruder, der zu Pétros hinübersah.
„Ich komme wieder“, sagte Pétros zu Anthúla und rannte zur Mole.
Anthúla sah, wie Onkel Pantelís Pétros in die Arme nahm, ihn wie eine Feder zwei Meter hochwarf, in der Luft wieder auffing und nochmals hochwarf.
„Na, du Prachtkerl!“, rief er dabei. „Du tapferer Ritter!“
Der Vater stand neben ihm und lachte stolz.
Dann setzte Onkel Pantelís Pétros schwungvoll rittlings auf seine Schultern und schlug den Weg nach Hause ein.
„Und deine Koffer?“, fragte ihn der Vater.
„Die kommen mit dem Boot. Sie werden zu euch gebracht. Ich habe den Männern gesagt, dass ich dein Bruder bin.“
Sie gingen die Mole entlang, und die Leute bestaunten diesen eleganten stattlichen Mann mit dem Zollbeamtensohn auf den Schultern.

Als sie an Anthúla vorbeikamen, drehte sich Pétros um. „Ich komme nicht zurück“, zischte er ihr zu.
Anthúla wurde klar, dass ihr Freund seinem Onkel nicht so leicht entwischen konnte.
„Gehen wir, Buke Jones“, sagte sie deshalb und lief mit ihrem Hund weg.
Pétros’ Mutter kredenzte dem Onkel zu Hause junge Walnüsse in Zuckersirup. Während er sie mit Hochgenuss verzehrte, sagte er: „Ich wünsche dir ein langes Leben, Schwägerin! So etwas habe ich seit Jahren nicht mehr gegessen.“
„Sie hat sie selbst gemacht“, bemerkte der Vater stolz. Mit gesenktem Kopf legte Mutter noch eine Walnuss auf das Tellerchen, die Onkel Pantelís mit einem Biss verspeiste. Dann erschien der Lastenträger Wangélis mit einem voll beladenen Wägelchen im Hof.
„Hierher“, befahl der Onkel, und Wangélis lud ein Paket nach dem anderen ab, als fände hier ein Fest statt. Danach heftete ihm der Onkel mit Spucke einen Fünfziger an die Stirn und Pétros fielen fast die Augen aus dem Kopf. Hundertmal tauchen, dachte er. Wangélis verließ sie unter tiefen Verbeugungen.
Der Onkel begann die Pakete an die Familie zu verteilen. Er fing bei der Mutter an. „Ein Kleid für dich, Martha, Pumps und eine Kleiderschürze für die Hausarbeit.“
Du bist mir zuvorgekommen, dachte Pétros, die wollte ich ihr doch kaufen.
Dann machte der Onkel ein anderes großes Paket auf. „Eine neue Uniform für dich, Chrístos“, sagte er und packte sie aus. „Ich habe sie nähen lassen, weil ich deine Maße hatte.“

„Prächtig! Aber du hättest dich nicht in solche Unkosten stürzen sollen“, sagte die Mutter und hielt sich das Kleid mit beiden Händen vor dem Spiegel an die Schultern.
Pétros wartete, bis die Reihe an ihn kam. Wäre komisch, wenn er mich vergessen hätte, dachte er.
Dann sagte der Onkel: „Das ist für unsere Mutter“, und meinte damit Pétros' Oma, „ein Kleid, Pantoffeln und ein schwarzes Kopftuch.“ Großmutter trug wie alle Großmütter immer Schwarz.
„Der Ball ist für unsern Jorjís. Hier hat er ja genug Platz zum Fußballspielen. Ich wusste seine Größe nicht, sonst hätte ich ihm einen Anzug oder Schuhe gekauft, aber die Kinder wachsen ja von einem Tag zum anderen aus den Sachen heraus.“ Fertig, dachte Pétros, mich hat er vergessen.
„Diese tollen Rollschuhe haben Kugellager und man kann ganz leicht damit fahren. Hol mir ein Glas Wasser, Mártha, es ist heiß.“
„Willst du lieber Limonade, Pantelís? Ich habe welche im Eisschrank.“
„Nein, Wasser.“
Als Pétros sah, dass außer einigen kleinen Päckchen für ihn nichts geblieben war, schossen ihm die Tränen in die Augen. „Hier noch Bonbons und Erdnüsse“, sagte der Onkel. Pétros fing Mutters betrübten Blick auf. „Dein Bruder Jorjís leiht dir sicher die Rollschuhe“, sagte sie leise, „keine Angst, mein Junge.“
„Den Ball auch“, sagte lachend der Vater.
Als der Onkel das hörte, brüllte er wütend: „Wo ist das Fahrrad für den Jungen? Wo habt ihr's hingeräumt?“
Genau in diesem Moment kam der Lastenträger Wangélis wie auf Bestellung angekeucht.

„Entschuldigen Sie tausendmal“, sagte er, „ich habe das Fahrrad aus Versehen unten an der Mole vergessen.“ Er setzte ein rotes Fahrrad mit Stützrädern ab, das in breite Bahnen Wellpappe eingepackt war. Pétros hatte Herzklopfen, und noch bevor ihm Tränen runterkullern konnten, entkrampften sich seine Lippen zu einem Lächeln.
„So was, mein Junge“, sagte der Onkel und stellte das Fahrrad mit Schwung vor ihn hin, „haben wir dich zappeln lassen!“ Oh, dachte Pétros, jetzt macht er es mir noch kaputt. Wangélis ging wie ein begossener Pudel wieder unter tiefen Verbeugungen weg.
„Das ist für dich“, sagte der Onkel mit seiner angenehmen Stimme, „setz dich drauf!“
Aber Pétros berührte es nur zärtlich mit der Hand und traute seinem Glück nicht. Er wollte die Pappe, mit der es eingepackt war, nicht kaputtmachen, sondern sich nur alle Teile des Fahrrads ansehen, die unbedeckt waren, die Speichen, den silbernen Scheinwerfer, die glänzende Klingel, den braunen Sattel, die Pumpe und den Gepäckträger, auf dem Anthúla mit ihm zu Pános Hütte fahren konnte und …
„Staune es nicht nur an!“, sagte der Vater, „Mach, was dein Onkel dir sagt.“
Pétros stürzte sich auf seinen Onkel, küsste ihm die Hand und verschwand mit dem Fahrrad in der Waschküche.
Die Sonne stand schon tief, als Pétros ins Wohnzimmer zurückkam. Sein Onkel saß am Tisch, redete, und sein Vater hörte glücklich zu.
„Wo hast du dich denn versteckt?“, rief sein Onkel.
„Er hat sein Fahrrad bewundert“, sagte sein Vater.
„Gefällt’s dir?“, fragte der Onkel.

„Das fragst du noch?“, sagte die Mutter, die mit einer neuen Flasche Rakí, dem Tresterschnaps, der überall im Land getrunken wird, und zwei Tellerchen mit gerösteten Kichererbsen hereinkam.
Der Onkel vergaß das Fahrrad sofort, nahm die Flasche und goss sich ein. Er stopfte sich eine Hand voll Kichererbsen in den Mund und fuhr mit seiner Geschichte an dem Punkt fort, wo er durch Pétros unterbrochen worden war. Er schenkte sich wieder Rakí ein, aß Kichererbsen, redete und lachte. Mutter und Vater lachten auch. Kaum war Onkel Pantelís mit einer Geschichte fertig, begann er mit der nächsten. Jetzt war die Geschichte von seiner Schneiderei in Préwesa dran. Als er nämlich zum ersten Mal einen Anzug nähen sollte, langte der Stoff statt für Hose, Jacke und Weste gerademal für die Weste, weil man ihm den „roten Fez auf den Kopf“ gestülpt hatte. Mit anderen Worten, er konnte nicht mehr Stoff kaufen, weil die Kunden ihm so viel Geld schuldeten. „Ein Fezladen wäre wohl besser für mich als eine Schneiderei“, hatte er sich damals gesagt.
Pétros lachte und sein Onkel sah ihn an.
„Wann kommen wir denn in die Schule, kleiner Pétros?“, fragte er ihn gutherzig.
„Wir beide?“
„Nein, du. Ich habe die Schule schon hinter mir.“
„Im September.“
„Der arme Kerl hat ein Jahr verloren“, sagte die Mutter und streichelte ihm zärtlich übers Haar.
„Wir hatten ihn drei Monate im Krankenhaus in Arta, weil ihn der Hund gebissen hatte.“
„Wirklich, mein Junge?“, meinte der Onkel verwundert.

„Ja“, sagte die Mutter, „stell dir vor, was wir durchgemacht haben. Aber Pétros ist ein kluges Kind, und er wird das Jahr einholen. Nicht, Pétros?“

Pétros wollte etwas sagen. Wollte sagen, dass er schon lesen und schreiben konnte, aber sofort fiel ihm ein, dass er besser seinen Mund hielt.

„Ja, ich werd’s einholen“, sagte er und nickte.

Die Mutter stand auf. Die Sardinen, die nebenan in der Küche auf dem Grill sotten, begannen zu duften. Onkel Pantelís wollte Pétros aufheitern, weil er merkte, dass ihn etwas bedrückte.

„Wer war das kleine Mädchen mit dem Hund unten an der Mole, Pétros?“, fragte er lachend.

„Die Tochter der Frau Zollamtsvorsteher.“

„Und wie heißt sie?“, fragte der Onkel weiter.

„Anthúla.“

„Schöner Name.“

Pétros erwiderte nichts.

„Und ein hübsches Mädchen“, setzte der Onkel hinzu.

Pétros wollte gerade aus dem Zimmer gehen, als seine Mutter mit einer Platte voller Fische hereinkam.

„Bravo, du wunderbare Schwägerin“, sagte der Onkel.

„Setz dich, mein Junge, und iss auch etwas“, sagte Pétros’ Mutter. „Die Sardinen sind ganz frisch. Sie waren heute Morgen im Netz.“

Pétros setzte sich hin. Er hatte großen Hunger. Sein Onkel fing wieder mit seinen Geschichten an. Er aß, trank und redete. Er war jetzt beim Sanatorium angelangt, und alle waren auf traurige Geschichten eingestellt. Aber da dieser Onkel etwas Besonderes war, bekam man immer etwas anderes zu hören, als man erwartete. Er erzählte von einem Streich, den sie den Krankenschwestern gespielt hatten. Sie klebten ihnen die Fieberthermometer mit Leukoplast hinten an ihre weißen Kittel, und die Schwestern konnten sie nicht finden. Ein anderer Streich bestand darin, sich das Essen gegenseitig zu verstecken, um von der Küche Nachschlag zu verlangen. Er erzählte auch von Aufführungen mit Sketchen, Gedichten und Witzen, die sie einmal im Monat veranstalteten.

„Weißt du, Pétros, warum die Ferkel mit gesenktem Kopf hinter ihrer Mutter hertrotten?"

„Nein", sagte Pétros.

„Sie schämen sich, weil ihre Mutter eine Sau ist", prustete Onkel Pantelís und lachte schallend. Dann machte er sich wieder über Rakí und Sardinen her. „An Weihnachten schmückten wir alle den Baum. Ich war der heilige Wassílis und verteilte die Geschenke. Später in der Faschingszeit kostümierten wir uns und tanzten Gaitanaki. Einer verkleidete sich als Zigeuner und ich mich mit viel Erfolg als Bär. Es regnete Konfetti und Luftschlangen, Luftballons platzten, Autos hupten. Ein tolles Fest, kleiner Pétros, bis zum Morgen."

„Im Sanatorium?", fragte Pétros, der seinen Ohren nicht trauen wollte.

„Ja, im Sanatorium", antwortete sein Onkel.

„Und wann ist jemand gestorben?"

Der Onkel schluckte das Sardinenstück runter, das er im Mund hatte, und trank sein Glas aus.

„Mit etwas Glück und Verstand kannst du diese Krankheit besiegen", antwortete er einfach. „Du darfst vor allem nicht aufgeben."

„Wie meinst du das?", fragte Pétros.

„Du darfst dir die Krankheit nicht zu sehr zu Herzen nehmen und dich nicht permanent beklagen. Du musst sie bekämpfen."

„Muss ein solches Thema um diese Uhrzeit sein, Pantelís?", sagte der Vater, der nicht viel gesagt hatte.

„Nein, nein", unterbrach ihn die Mutter, „lass ihn doch reden."

„Wie hast du sie bekämpft, Onkel Pantelís?", fragte Pétros.

„Zunächst mit Essen", fuhr der Onkel fort, als sei er nicht unterbrochen worden. „Ich habe alles verdrückt, was mir vorgesetzt wurde, und nicht wie andere rumgemeckert, ich habe mich nicht über Geruch oder Sauberkeit beklagt. Ich habe alles gegessen. Alle, die nicht ordentlich gegessen haben, waren verurteilt. Ihre einzige Hoffnung war ein Medikament aus Schweden."

„Was für ein Medikament, Onkel Pantelís?", fragte Pétros.

„Angeblich soll in Schweden ein Medikament entwickelt worden sein, von dem ein Fläschchen voll einen Kranken gesund machen kann. Ob das stimmt, weiß ich nicht."

„Hast du das genommen?"

„Wie sollte ich an so ein Medikament kommen? Hätte ich damals darauf gewartet, wäre ich jetzt tot. Ich blieb am Leben, weil ich mich von der Krankheit nicht habe unterkriegen lassen. Ich nahm sie eben nicht ernst. Ich bin weder der Erste noch der Letzte gewesen, der aus dem Sanatorium entlassen worden ist. Weißt du, wie gut diese monatlichen Aufführungen getan haben? Man hat seinen Verstand angestrengt und die Dreckskrankheit vergessen. Stücke schreiben, proben, umziehen, schminken, spielen."

„Auch Karagiósis?“
„Nein, Karagiósis nicht.“
„Nein, ich meine, ob es auch gut tut, wenn man Karagiósis spielt?“
„Natürlich tut das gut, das entspannt auch. Spielst du Karagiósis?“
„Und wie!“, sagte seine Mutter und tat betrübt, obwohl sie eigentlich im Grunde stolz darauf war. „Ganz verrückt hat er uns mit seinen Figuren gemacht. Die Waschküche ist voll davon. Eine ganze Wagenladung.“
„Soll ich den Oheim Jórgos spielen?“, fragte Onkel Pantelís und sagte mit wlachischem Akzent: „Heda, mein Neffe, soll ich dir ein urkomisches Stück für die Leinwand machen, das kein Auge trocken bleibt?“
„Und ob ich will!“, antwortete Pétros mit der heiseren Stimme des Karagiósis. „Den Himmel hab ich nach dir abgesucht, und finde dich auf Erden.“
Alle lachten, und die Erwachsenen stießen mit ihren vollen Rakígläsern an, Pétros mit einem Glas Wasser.
„Auf deine Gesundheit, mein Bruder“, sagte der Vater, „und herzlich willkommen.“
„Herzlich willkommen, Pantelís“, sagte die Mutter.
„Schön, dass ich euch gesund vorfinde“, antwortete der Onkel mit vollem Mund.
„Ich würde euch ja gern ein Omelett aus frischen Eiern machen, aber meine beiden blöden Hühner haben in den letzten Tagen nicht gelegt!“
Pétros schluckte. Beinahe wäre ihm der Bissen im Hals stecken geblieben, weil er genau wusste, dass die blöden Hühner sehr wohl legten. Nur verschwanden die Eier sofort in Pános’ Hütte.

„Schön, dass wir uns nach so vielen Jahren wieder sehen", sagte der Onkel und seufzte zum ersten Mal an diesem Abend.
„Nur Jorjís und die Mutter fehlen", sagte der Vater.
„Die kommen Ende des Monats mit meiner Schwester Lenió", sagte die Mutter.
„Ja, Ende des Monats", sagte Onkel Pantelís, „wenn Gott will, kommen sie." Plötzlich verdüsterte sich sein Gesicht. „Nur Angelikúla ..." Ohne dass jemand damit gerechnet hätte, seufzte Pantelís tief auf.
„Ach, Angelikúla, Angelikúla", sagte er. Dicke Tränen tropften auf die Esszimmerfliesen.
Er drehte sich um und holte vom Wandregal das Foto seiner Angelikúla als Braut, ihre Wange an seine geschmiegt. Er sah es eine Weile an, presste es dann lange an sich.
Die Mutter stand auf und nahm Pétros an der Hand. „Es ist schon spät, mein Sohn", sagte sie, „ich bringe dich ins Bett."
„Du hast zu viel getrunken, Pantelís", hörten sie den Vater sagen, als sie aus dem Zimmer gingen.
Pétros erinnerte sich später nur noch daran, dass er durch sein offenes Fenster sah, wie auf der anderen Seite der Bucht eine Sternschnuppe von hoch über dem Makrinórosberg hinunter ins Meer fiel.
„Lieber Gott", wünschte er sich, „mach meinen Freund Pános gesund."
Dann schlief er ein.

Am nächsten Morgen weckte Pétros ein schepperndes Lachen. Er schlug die Augen auf. Onkel Pantelís wartete braun gebrannt und gut gelaunt am Kopfende seines

Bettes auf ihn. Die Esszimmertür stand sperrangelweit offen, und der Amwrakikós, in dem sich die Sonne spiegelte, blendete ihn.
„Wach auf, Faulpelz, zehn Uhr. Alle anderen sind mit Jákubas' Kutter hinüber nach Menídi in die Kirche gefahren."
Pétros setzte sich auf und sah sich erstaunt um.
„Wo bin ich?", sagte er.
„Im Esszimmer."
„Wie bin ich hierher gekommen?"
„Ich habe dich heute Nacht hergebracht und in deinem Bett habe ich geschlafen. Das Sofa hier ist zu kurz für mich."
Pétros begriff, dass er auf dem Sofa im Esszimmer saß.
„Habe ich gar nichts davon gemerkt?", fragte er.
„Du hast felsenfest geschlafen. Los, steh jetzt auf. Deine Mutter hat dir zwei Eier weich gekocht. Sie sagt, ihre Hühner fangen wieder an zu legen."
„Wo ist Mama?", fragte Pétros.
„Hast du nicht aufgepasst? Ich habe dir doch gesagt, dass sie mit der Frau Zollamtsvorsteher und noch zwei, drei anderen Frauen in die Kirche gegangen ist. Sie sind schon seit halb acht weg."
„Ist Anthúla auch mitgegangen?"
„Ja. Ich habe gesehen, wie sie in ihren Sonntagsklamotten in Jákubas' Kutter gestiegen sind. Es war ein ganzer Schwarm. Ich gehe jetzt auch."
„Schon?"
„Ich will einen Erinnerungsspaziergang durch euer Dorf machen."
„Ach! In welche Richtung?"

„Wo mich der Weg hinführt. Es gibt ja schließlich nur einen."

Pétros sprang vom Sofa auf und ging sich waschen. Als er zurückkam, verließ sein Onkel gerade das Haus. Heute ist Sonntag, dachte Pétros und versteckte die beiden Eier in der Waschküche, um sie morgen Pános zu bringen. Anthúla ist nicht da, Vater ist im Kaffeehaus, und in die Hütte kann ich wegen Pános' Mutter nicht. Ich seh mal nach, ob mein Schiff fertig ist oder ob es noch in der Werft liegt.

Er schlug den Weg zum Leuchtturm ein. In Gedanken war er abwechselnd bei seinem Freund Pános und bei seinem Onkel Pantelís. Beide haben mit dieser Krankheit zu tun, dachte er, der eine strotzt vor Kraft, der andere ...

Er stapfte auf dem Weg durch die kleinen Pfützen und kühlte seine nackten Füße ab. Das gefiel ihm. Die Gegend war einsam. Nirgends ein Mensch. Pétros ging so weit entfernt wie möglich an der Hütte vorbei, damit Pános' Mutter keinen Schrecken bekam, falls sie ihn sah.

Vielleicht kennt mein Onkel irgendeinen guten Arzt, dachte Pétros, als er in die Nähe der Hütte kam. Wir müssen uns endlich um die Karagiósis-Aufführung kümmern. Gut, dass Onkel Pantelís den Oheim Jórgos spielt, das macht alles einfacher.

Er sprang über ein großes Loch und rutschte hinter einem Tamariskenbusch aus, wurde aber nicht nass. Als er aufstehen wollte, sah er, wie drüben an der Hütte eine Gestalt auftauchte und wieder verschwand.

Das wär ja was, wenn man sie entdeckt hätte, dachte er und begann zu schwitzen.

Die Tür zur Hütte befand sich auf der anderen, dem Wuwós zugewandten Seite, und Pétros konnte nur das kleine

Fenster sehen, das aber geschlossen war. Mit schweißnassem Gesicht wartete er in seinem Tamariskenversteck darauf, ob sich wieder jemand blicken ließ.
Genau das geschah. Pétros duckte sich noch tiefer, um nicht gesehen zu werden, und verfolgte heimlich vom Gebüsch aus das Geschehen. Pános' Mutter kam hinter der Hütte hervor, um einige Wäschestücke abzunehmen, die an den Tamarisken hingen. Hinter ihr erschien ein Mann.
„Herrje!", flüsterte Pétros verblüfft. „Mein Onkel! Was will der denn hier?"
Mit sperrangelweit offenen Augen starrte er auf diese Szene, um ja nichts zu verpassen.
Die beiden schienen sich zu unterhalten, aber er konnte nichts hören, weil er zu weit weg war. Pános' Mutter stand mit gesenktem Kopf vor seinem Onkel, der wild mit den Armen fuchtelte.
Jetzt erzählt er ihr von den Ferkeln, die sich schämen, weil ihre Mutter eine Sau ist, dachte Pétros und hörte auch schon das laute gutherzige Lachen seines Onkels.
Der lacht ja, dachte Pétros, dabei hat Pános' Mama solche Sorgen.
Dann geschah etwas Unbegreifliches, etwas, das er sich nicht einmal hatte vorstellen können. Pános' Mutter lachte, dass er sie bis hierher hören konnte, und sein Onkel, dieser seltsame Spaßvogel, brachte sie dazu.
Pétros hielt es aus Angst, entdeckt zu werden, nicht länger in seinem Versteck aus, zumal es keinen Grund gab zu bleiben. Pános würde ihnen morgen alles erzählen. So wartete er nur, bis ihm sein Onkel den Rücken zudrehte, duckte sich und machte sich aus dem Staub. Da er barfuß war, konnte ihn sowieso niemand hören.

Als er auf der kleinen Leuchtturmterrasse stand und seinen Blick über den Amwrakikós schweifen ließ, war ihm nicht nach Reisen zu Mute, weder zu den Philippinen noch zum Atlantik, noch zu den Azoren.
„Hoch die Kessel“, setzte er zwar an, aber seine Stimme klang so falsch wie die ihres heiseren Hahns.
„Steuer zwei Grad links“, versuchte er es mit einem anderen nautischen Befehl.
Nichts passierte. Sein Schiff gehorchte ihm nicht.
Er holte das Fernglas und ging auf die andere Seite ans Heck, aber nicht um das Meer, sondern die große Ebene, die durch das Fernglas zum Greifen nahe schien, bis nach Kochíli abzusuchen. Die Mole lag einsam da. Nur sein Vater in Uniform zählte Kisten, die in einer Reihe fertig zum Verladen aufgestellt waren. Er arbeitete für das Gemeinwohl. Pétros wollte seinen Vater heute Mittag fragen, was das eigentlich sei, das Gemeinwohl, denn er hatte es nicht richtig verstanden. Er brachte es mit dem anderem, dem Gewissen, durcheinander. Dann richtete er sein Fernglas weiter nach links und erwischte die Hütte, das Bambusvordach, das umgedrehte Boot, aber nirgends eine Menschenseele, niemand. Weder Pános noch seine Mutter oder Onkel Pantelís waren zu sehen. Wie vom Erdboden verschluckt. Waren sie alle in der Hütte oder bildete er sich das ein? War sein Onkel nicht mehr da? Waren auch Pános und seine Mutter vor lauter Schreck darüber, dass Onkel Pantelís sie entdeckt hatte, weggegangen? Herrjemine! Pantelís würde es sicher im Dorf herumerzählen, und die Leute würden sie empört vertreiben. Wohin um alles in der Welt sollten sie denn? Onkel, Onkel, verrate bloß nichts.

„Hallo, Kapitän", ließ sich von unten eine Stimme vernehmen, „wirf mir ein Tau runter, etwas zum Festhalten." Diese Stimme kannte er. Das war sein Onkel. Er setzte das Fernglas ab, unentschlossen, was er tun sollte. Sollte er mit ihm reden oder nicht? Sollte er mit ihm wie mit Anthúla spielen oder ihm die ganze Geschichte erzählen und abwarten? Er entschied sich für spielen.
„Wie kommst du denn hierher?", rief er mit seiner tiefen Kapitänsstimme und beugte sich über das Brückengeländer, „mitten auf hoher See?"
„Man hat mich ins Meer geworfen, Kapitän, von einem anderem Schiff."
„Piratenschiff?"
„Nein, Handelsschiff."
„Warum haben sie dich über Bord geworfen? Hast du gemeutert?"
„Nein, ich war blinder Passagier."
„Fang den Rettungsring und komm rauf. Pass auf, dass er dir nicht runterfällt und kaputtgeht."
Trotzdem zitterte er innerlich, als er die Kürbisflasche hinunterwarf, die der blinde Passagier aber problemlos auffing. Pétros atmete auf. Dann hörte er die schweren Schritte des blinden Passagiers auf der steinernen Wendeltreppe; kurz darauf erschien er auf der Brücke
„Danke, Kapitän", sagte er zu Pétros. „Du hast ein gutes Herz. Irgendwann werde ich's dir zurückzahlen. Gleich nach meinen Geheimauftrag."
„Was für einem?", fragte Pétros jetzt neu entflammt.
„Ich muss jemand retten, der in Gefahr ist."
Ach, du liebe Güte, dachte Pétros, er hat Pános entdeckt. Möglichst gleichgültig fragte er: „Wer ist denn in Gefahr?"

„Ich habe dir doch gesagt, dass es ein Geheimauftrag ist."
„Du darfst mir nichts sagen?"
„Nein."
„Bist du ein Agent?"
„Das kann ich dir auch nicht sagen. Agenten sagen niemals, dass sie Agenten sind."
„Nicht mal dem eigenen Neffen", sagte Pétros jetzt mit seiner eigenen Stimme.
Er hielt dieses Spiel nicht länger durch, es ging über seine Kräfte. Sein Onkel hob ihn mit seinen langen Armen empor, warf ihn in die Luft und fing ihn wieder auf.
„Hallo, mein mutiger Schiffsherr! Hallo, mein bedeutender Kapitän!", rief er dabei zärtlich.
Er stellte Pétros auf den Boden, kniete sich neben ihn hin und umfasste seinen Kopf mit seinen großen Händen.
„Du bist groß geworden, weißt du das?", meinte er bewundernd. „Ein richtiger Mann! Woher hast du das denn alles gelernt, über Piraten, Agenten, blinde Passagiere und Geheimaufträge? Wer hat dir das erzählt?"
„Kapitän Melétis, der Leuchtturmwärter."
„Willst du auch Kapitän werden?"
„Reisender."
„Und wohin willst du reisen?"
„Überallhin."
„Wirst du auch eine Uniform mit Goldknöpfen und eine Mütze mit Goldband tragen?"
„Ja."
„Ich lasse dir die erste Uniform machen. Es wird die schönste Uniform der Welt sein, mit Silberfaden genäht, weil du der erste Kapitän aus unserer Familie sein wirst! Wir werden alle auf dich stolz sein. Du kannst dir von mir

wünschen, was du willst, und ich erfülle deinen Wunsch sofort."

Ein ganzer Vogelschwarm schlug in seinem Bauch mit den Flügeln, wollte sofort losfliegen, doch Pétros machte keine Tür auf, ließ keinen Vogel hinaus. Er hielt jedes Wort zurück, das er bereuen und mit dem er seinen kranken Freund verraten könnte. Was wusste sein Onkel Pantelís über Pános und dessen Mutter? Es wäre ganz einfach, sich etwas von ihm zu wünschen, wenn er die Geschichte kennen würde. Sein einziger Wunsch war, dass auch Onkel Pantelís als Erwachsener mithelfen sollte, seinen Freund gesund zu machen. Aber er schwieg und dachte fieberhaft nach.

„Ich verkaufe dir mein Fahrrad", wünschte er sich endlich.

„Was?", fragte sein Onkel verblüfft.

„Du sollst mein Fahrrad kaufen. Tu mir den Gefallen."

„Aber ich habe es dir doch gerade erst geschenkt."

„Du hast es aber auch gekauft, oder?"

„Natürlich habe ich es gekauft."

„Für wie viel?"

„Dreihundertachzig Drachmen."

„Ich verkaufe es dir für dreihundert."

„Das heißt, wenn ich es kaufe, mache ich achtzig Drachmen Gewinn?"

„Ja. Ich habe es noch gar nicht ausgepackt."

„Warum willst du es mir verkaufen? Gefällt es dir nicht?"

„Doch, sehr sogar. Ein Fahrrad wäre hier toll, wo alles so flach ist."

„Warum verkaufst du es dann?"

Pétros gab keine Antwort.

„Brauchst du Geld?", kam ihm sein Onkel zu Hilfe.

Pétros nickte stumm, als schäme er sich vor einem lauten Ja.
„Wie viel?“ Wieder gab Pétros keine Antwort.
„Einen Fünfhunderter?“ Pétros sagte nichts.
„Tausend?“ Pétros antwortete immer noch nicht.
„Noch mehr?“, fragte Onkel Pantelís beunruhigt.
Pétros senkte den Kopf. Er wollte ja sagen, fand aber nicht den Mut dazu.
„Wofür brauchst du das denn?“ Onkel Pantelís war sehr verwundert. „Was willst du denn mit so viel Geld? Du bist doch noch ein Kind?“
Der Name seines kranken Freundes drängte sich ihm auf die Zunge, um dieser Quälerei ein Ende zu machen. Eine innere Stimme aber bewahrte ihn davor, möglicherweise zu früh alles zu gestehen.
„Hallo, Kapitän! Wohin der Kurs?“
Es war der Leuchtturmwärter Kapitän Melétis, der heute kam, weil er sonntags regelmäßig den Leuchtturm wartete.
„Kommst du zu uns an Bord?“, fragte Onkel Pantelís.
„Ihr habt mir nicht gesagt, worauf ihr Kurs haltet“, erwiderte lachend der Leuchtturmwärter.
„Wohin geht unser Kurs?“, fragte Onkel Pantelís leise.
„Weiß ich nicht“, antwortete Pétros und sah seinen Onkel wie bittend an. „Du bist am Steuer.“
„Zum Kap der Guten Hoffnung“, rief Onkel Pantelís fröhlich dem Leuchtturmwärter zu. Er schlug sich ganz leicht mit der flachen Hand auf den Mund und machte: „Wwwwpp! … Wwwpp! … Wwwpp!“

11. Kapitel

Einmischung von außen

Pétros flog die ganze Nacht. Doch nicht wie sonst allein. Diesmal saß er auf seinem Fahrrad und hinten auf dem Gepäckträger saß Anthúla. Sie hatte ihre Arme um seinen Körper geschlungen, um nicht herunterzufallen. Sie waren hoch, wirklich sehr hoch hinaufgestiegen. Höher als die Berge. Sie waren nach Schweden geflogen und kamen jetzt nach Kochíli zurück. Sie brachten ein Fläschchen mit dem Wundermedikament für ihren Freund Pános mit.
Es regnete, donnerte und blitzte. Wenn es blitzte, wurde es kurz taghell und gleich wieder stockdunkel, zumal am Himmel weder Mond noch Sterne zu sehen waren. Doch seinem Fahrrad machten weder Regen noch Donner etwas aus. Es war das schönste Fahrrad der Welt. Es gab kein schöneres, weil es Flügel hatte und sich wie eine Möwe in der Luft wiegte. Doch sie hatten die Orientierung verloren und wünschten sich wenigstens einen Stern herbei, um den Weg nach Kochíli zu finden. Es ging doch nicht an, dass sie sich jetzt, wo sie das Medikament aufgetrieben hatten, verirrten!
Anthúla klammerte sich an Pétros, der das Fahrrad einmal nach rechts, einmal nach links durch diese Finsternis lenkte, in der man rein gar nichts sehen konnte. Anthúla seufzte: „Wir finden Pános' Hütte nicht wieder", und Pétros tröstete sie: „Sag so was nicht. Wir finden sie ganz bestimmt, wenn die Sonne aufgeht und es hell wird."

Anthúla glaubte ihm nicht und weinte beinahe, nicht aus Angst, sondern weil sie sich verspätet hatten.
Wie eine Gans spähte Pétros mit weit vorgestrecktem Hals nach einen Lichtschimmer am Himmel, der ihnen den Weg weisen konnte. Plötzlich tauchten mitten im Dunkeln zwei rote Sternchen auf. Aber es waren gar keine Sternchen, denn als sie sich auf dem Fahrrad einer Eiche mit dichtem Laub näherten, sahen sie darunter einen weinenden Riesen sitzen. Das, was sie für Sternchen gehalten hatten, waren seine verweinten Augen. Die Kinder wollten aus lauter Angst gleich wieder weg. Aber der Riese hielt sie zurück.
„Geht nicht. Ich tu euch nichts Böses."
Die Kinder atmeten auf. Pétros blieb mit dem Fahrrad stehen.
„Kennt ihr mich nicht?", fragte der Riese mit sanfter und freundlicher Stimme.
„Nein", erwiderte Anthúla immer noch ängstlich.
„Wer bist du?", fragte Pétros jetzt etwas mutiger.
„Dein Onkel Pantelís."
Die beiden Kinder sahen sich an, als trauten sie ihren Augen nicht.
„Und warum weinst du?", fragte Anthúla mitfühlend.
„Alles umsonst, alles umsonst", sagte er unter Tränen und mit bebender Stimme. „Ihr braucht euch nicht mehr zu beeilen."
„Warum umsonst", fragte Pétros zitternd.
„Weil ihr Pános nicht mehr antrefft. Er ist gestorben."
„Gestorben?", schrie Anthúla so laut, dass Pétros davon aufwachte und aus dem Bett sprang. Er schüttelte heftig den Kopf, um zu sich zu kommen.

„Ach, lieber Gott", sagte er, „danke, dass es nur ein Traum war!"
Sein Fahrrad stand natürlich, so wie er es hingestellt hatte, unberührt auf der großen Truhe, in der er seine Karagiósis-Figuren aufbewahrte. Erleichtert rannte er so, wie er war, hinüber zur Truhe. Er war wie vor den Kopf geschlagen. Nichts. Kein Fahrrad. Es war verschwunden. Anscheinend bin ich noch nicht aufgewacht, dachte Pétros und rannte schnell in die Küche, wo seine Mutter am Spülstein Geschirr abwusch.
„Wo ist mein Fahrrad?", schrie er. „Wer hat es mir weggenommen?"
„Dein Onkel", antwortete seine Mutter, ohne sich umzudrehen.
„Und wo hat er es hingetan?"
„Er hat es mit nach Jánnena genommen."
„Nach Jánnena? Was will er denn mit meinem Fahrrad in Jánnena?"
„Er musste überraschend weg, hat er uns gesagt. Er ist früh morgens mit Démitsas' Lastwagen weggefahren."
„Mit dem seine Mutter …", Pétros konnte sich nur mühsam berichtigen, „ich meine, mit dem die Frau, die den kranken Jungen hat, gekommen ist?"
„Ja. Woher kennst du sie?"
„Ich hab sie gesehen, als sie hier ankam."
Es entstand eine eigenartige Stille.
„Ist sie auch mitgefahren?", hakte Pétros nach.
„Wer ist *sie?*"
„Die Frau."
„Ja. Démitsas hat auf sie gewartet, um sie mitzunehmen. Sie ist eine entfernte Kusine von ihm."

„Ach", meinte Pétros ratlos. „Aber warum hat er bloß mein Fahrrad mitgenommen?", fragte er klagend.
Seine Mutter drehte sich immer noch nicht um.
„Er hat mir erklärt, dass ihr beide miteinander eine Vereinbarung getroffen habt", sagte sie bloß. „Auf dem Tisch liegt ein verschlossener Umschlag für dich."
Pétros stürzte ins Esszimmer, riss den Umschlag an sich und machte ihn auf. Es waren drei Hunderter drin.
Er musste sich zusammennehmen, um nicht zu schluchzen.
„Mein schönes Fahrrad!", sagte er nur leise.
Mit einem Satz war er draußen.
„Wo gehst du hin?", hörte er hinter sich die Stimme seiner Mutter. „Du hast noch nichts gegessen."
„Ich habe keinen Hunger!"
„Willst du dich nicht wenigstens waschen?"
„Im Meer", erwiderte er und sprang wie ein gejagtes Zicklein im Zickzack bis zur Zisterne.
Dort wartete Anthúla seelenruhig auf ihn und drehte Runden mit ihrem Puppenwagen, in dem ihren beiden Puppen Nínos und Dolly saßen.
„Hast du alles eingeladen?", fragte Pétros.
„Und ob!", sagte sie. „Schon heute Morgen."
Sie machten sich auf den Weg. Sie schob den Wagen und er ging neben ihr her. Er langte immer wieder in seine Tasche, um sich zu vergewissern, dass die Hunderter noch da waren. Das beruhigte ihn.
„Ich habe deinen Onkel gesehen", sagte Anthúla etwas später. „Er hat Pános' Mutter die Hand gegeben und sie sind zusammen in den Lastwagen eingestiegen."
„Ich weiß", antwortete er und wusste nicht, warum er so unruhig war.

„Hast du sie auch gesehen?“
„Nein, meine Mutter hat es mir gesagt.“
Sie liefen ein gutes Stück, ohne ein Wort zu wechseln.
„Ich habe sie gestern gesehen“, sagte Pétros ein bisschen später.
„Wen?“
„Pános’ Mutter und meinen Onkel.“
„Wo hast du sie gesehen?“
„Vor der Hütte.“
„Zusammen?“
„Ja.“
„Was haben sie gemacht?“
„Geredet und gelacht.“
„Pános Mutter auch?“
„Ja.“
Sie schwiegen wieder. Sie hatten plötzlich das Gefühl, in der Luft zu hängen, als habe sich etwas zwischen sie und ihre Liebe zu Pános geschoben. Als dränge sich jemand heimlich in etwas hinein, wo ihn niemand erwartete, und stahl sich etwas von dieser Liebe.
Sie liefen weiter, ohne zu sprechen. Die Hitze trieb ihnen den Schweiß auf Wangen, Nasen und Nacken.
„Pános kann’s uns sicher erklären“, meinte Anthúla nach einer Weile.
„Ja, sicher“, wiederholte Pétros.
Von weitem hörten sie das Tuckern eines Kutters. Die Wagenräder quietschten.
„Was hat dein Onkel dir mitgebracht?“, fragte Anthúla plötzlich.
„Ein Fahrrad.“
„Schön?“

„Rot. Mit Scheinwerfer, Klingel und Gepäckträger. Du steigst hinten drauf, und dann fahren wir los."
„Mit zwei Rädern?"
„Ja."
„Schön. Kannst du das Gleichgewicht halten?"
„Werd ich lernen."
„Gibst du mir's auch mal?"
„Kannst du das Gleichgewicht halten?"
„Das bringst du mir bei. Oder etwa nicht?"
„Bring ich dir bei. Hinten hat es noch zwei kleine Stützräder."
„Schön. Hast du Rot gesagt? Die schönste Farbe."
„Ja."
„Zeigst du es mir?"
Wieder musste er alle Kraft zusammennehmen, um nicht zu schluchzen. Aber er weinte nicht.
„Ich habe es verkauft", sagte er nur.
Anthúla blieb mit dem Puppenwagen stehen und sah ihn an.
„Er hat dir gar kein Fahrrad mitgebracht", sagte sie. „Nichts hat dein Onkel dir mitgebracht. Und du schwätzt mir hier den Kopf voll."
Er sah sie aufgebracht an, zog die drei Hunderter aus seiner Tasche, warf sie auf den Boden. Dann rannte er in Richtung Hütte weg, damit sie ihn nicht weinen sah, nicht sah, wie sehr er weinte.
Pános wartete schon seit dem frühen Morgen auf sie. Er hatte den heutigen Unterricht vorbereitet, die Buchstaben sortiert, Silben und Wörter gebildet, die er ihnen beibringen wollte. Er hatte einen langen Zweig von der Tamariske in der Nähe abgeschnitten, um ihnen damit die

Buchstaben zu zeigen, weil sie ja durch das Seil getrennt waren. Um möglichst jede Mikrobe zu vernichten, hatte er sich Hände und Gesicht gründlich mit viel Seife gewaschen. Seine Mutter hatte ihm gestern fünf saubere Taschentücher dagelassen, falls er sie zum Hineinspucken brauchte, wenn er husten musste. Er würde sich umdrehen und sich das Taschentuch vor den Mund halten.
Warum kamen sie bloß heute so spät? Was war los? Als sie endlich jenseits des großen Platzes auftauchten, bekam er vor Freude Herzklopfen und ein ganz rotes Gesicht.
Doch warum gingen sie nicht nebeneinander? Warum rannte Pétros voraus, sodass Anthúla versuchte aufzuholen?
Weder Anthúla noch Pétros begrüßten ihn, noch fragten sie ihn, wie es ihm ging. Pános spürte, wie sich sein Herz zusammenkrampfte. Aber er wollte nicht nach dem Grund fragen, warum sie sich so verhielten.
„Fangen wir an?", fragte er nur.
Da schoss Anthúla auf Pétros zu und streckte ihm mit gesenktem Kopf die drei Hunderter entgegen.
„Was soll ich mit dem Geld machen?", sagte sie.
„Gib es Pános."
Anthúla hielt Pános die Hand mit dem Geld hin. Der sah sie verständnislos an.
„Nimm es", sagte Anthúla.
„Woher habt ihr das?"
„Pétros hat das Fahrrad verkauft."
„Welches Fahrrad?"
„Das ihm sein Onkel aus Athen mitgebracht hat."
„Das Fahrrad gefällt mir nicht", sagte Pétros, der einen Gegenstand nach dem anderen aus dem Puppenwagen

holte und auf die Steinbank legte. „Mein Bruder hat Rollschuhe bekommen. Und einen Ball. Rollschuhe sind besser. Die haben sogar Kugellager. Das hat mir mein Onkel gesagt. Kennst du meinen Onkel?“
Pános war verwirrt. Er sah erst Pétros an, dann Anthúla, die ihm immer noch das Geld hinhielt.
„Nimm es“, sagte sie wieder.
„Der in dem weißen Anzug, der große Mann, der gestern hier in eurer Hütte war.“
„Das war dein Onkel?“
„Ja. Hast du ihn gesehen?“
„Von weitem. Ich musste mich vor ihm unter dem Bett verstecken, weil meine Mutter so erschrocken ist, als sie ihn hierher kommen sah.“
„Hat er dich nicht gesehen?“
„Nein.“
„Du ihn auch nicht?“
„Nein. Ich habe die beiden aber reden gehört.“
„Was haben sie gesagt?“
„Ich konnte nichts verstehen. Meine Mutter hatte Tür und Fenster zugemacht. Als er weggegangen war, kam sie zu mir und sagte: ‚Ein guter Mensch!‘.“
„Sonst nichts?“
„Sonst nichts. Behaltet es. Ich will es nicht.“ Er deutete dabei auf das Geld in Anthúlas Hand.
„Deine Mutter soll davon einen Arzt kommen lassen, um dich zu untersuchen.“
„Was soll ich ihr sagen, von wem es ist?“
„Jemand hat es zum Fenster reingeworfen. Aber du weißt nicht, wer.“
„Das ist das Lámda“, sagte plötzlich Anthúla, die lange

geschwiegen hatte. Sie bereute, dass sie Pétros die Geschichte mit dem Fahrrad nicht geglaubt hatte.
„Nein, das ist kein Lámda“, sagte Pános jetzt gut gelaunt, weil er seinen Freunden helfen konnte.
„Ich habe Hunger“, rief Pétros plötzlich. „Können wir nicht vor dem Unterricht etwas essen?“
„Ach, ja“, sagte Pános, „alle zusammen. Ich habe auch noch nicht gefrühstückt. Ihr setzt euch da drüben hin und ich mich hierher.“
„Weißbrot mit Butter und Honig. Schmeckt dir das?“
„Ja“, sagte Pános.
Drei Wasservögel, die aus dem Fluss tranken, stoben mit wildem Geflatter auf und jagten hintereinander her in die Luft. Das Lachen der Kinder, die sich gemeinsam an die Frühstücksvorbereitung machten, füllte diese ruhige Morgenstunde. Kochílis Sommergäste, die Spatzen, wurden ganz mutig und drehten ihre Runden direkt über den Köpfen der Kinder. Sie hofften auf Krümel.
Pétros und Anthúla setzten sich auf die eine Seite der Bank und Pános auf die andere. Anthúla sprach mit ihrer hohen Stimme das Tischgebet:
„Vater im Himmel,
geheiligt werde dein Name …“

12. Kapitel

Brüderlicher Wirrwarr

Dienstagmittag kamen Pétros' Bruder Jorjís und seine Großmutter mit dem Autobus aus Jánnena nach Kochíli. Der Ausflug nach Arta ins Kino, zu dem der Zollamtsvorsteher seine Frau und Pétros und Anthúla eingeladen hatte, fiel am Montagnachmittag ins Wasser, weil sich der Zollinspektor aus Ithaka angesagt hatte und mit einem Fischkutter erwartet wurde. „Bei uns ist heute Inspektion", sagte Anthúlas Vater. „Wir müssen in Kochíli bleiben."
So verbrachten Pétros und Anthúla den ganzen Nachmittag und noch den nächsten Vormittag in der Waschküche und reparierten und verschönerten Karagiósis-Figuren. Frühmorgens rannten sie zum Unterricht. Obwohl Pános sich ungemein freute, wenn sie kamen, und ihnen der Unterricht viel Spaß machte, waren sie trotzdem um elf schon wieder bei ihrer Arbeit in der Waschküche. Sie holten die Karagiósis-Figuren aus der Truhe und überprüften jede Einzelne, ob ihr nicht eine Nase, ein Fuß oder eine Verzierung fehlte, bevor sie sie an einem Seil aufhängten, das sie in Kopfhöhe gespannt hatten. Außerdem überprüften sie, ob sie neue Figuren brauchten oder alte aussortieren konnten. Da es nicht viel auszubessern gab, konnte sich Pétros den ganzen Tag mit dem Schwierigsten, nämlich dem Stück, beschäftigen.
„Also, die Geschichte fängt folgendermaßen an", erklärte er Anthúla. „Der Wesir hat den jungen Griechen in das

Verlies des Serails werfen lassen. Dessen Mutter lässt durch Chatsiwátis öffentlich bekannt machen, dass derjenige, der ihren Sohn befreit, als Belohnung die schöne Gorgone, die Tochter des Riesen, zur Frau bekommt. Gefällt dir das?", fragte Pétros Anthúla, während er die Figur der Gorgone aus der Truhe kramte und ans Seil hängte.
„Das ist die Gorgone", sagte er stolz, „und die spielst du."
„Wer befreit den jungen Griechen?", fragte Anthúla.
„Karagiósis natürlich."
„Den heirate ich aber nicht", sagte sie mit Nachdruck.
„Warum?"
„Weil er einen Buckel hat."
„Ich schneide ein bisschen vom Buckel weg."
„Er hat auch eine riesengroße Nase."
„Ich schneide auch ein Stück von der Nase ab."
„Er hat Glotzaugen."
„Er hat aber einen Silberstern an der Weste. Er ist Sheriff."
„Ich will keinen Sheriff. Ich heirate dich."
„Ich spiele doch den Sheriff", sagte Pétros.
„Ach, du …" Anthúla stockte, fragte dann hastig: „Und wie kommst du in den Serail hinein, den Weligékas bewacht?"
„Dafür habe ich noch keine Lösung."
Von draußen hörten sie ohrenbetäubendes Lastwagengehupe, Stimmen, Lachen und Willkommensrufe. Pétros machte die Stimme seiner Mutter aus, aber noch eine andere kam ihm bekannt vor. Bevor er darüber nachdenken konnte, wessen Stimme das sei, stürmte sein Bruder Jorjís in die Waschküche.
„Pétros! Pétros!", rief er lachend.
Er war groß, hatte lockiges blondes Haar und die Arme

voller Päckchen. Er warf einen kurzen Blick auf die aufgehängten Figuren.
„Was macht ihr da?“, fragte er.
„Siehst du das denn nicht?“, erwiderte Pétros zurückhaltend, aber mit strahlenden Augen, weil er seinen Bruder so lange nicht gesehen hatte. Am liebsten hätte er sich auf ihn gestützt und ihn fest umarmt.
„Spielt ihr Karagiósis?“, fragte Jorjís.
„Ja. Ich und Anthúla. Das ist mein Bruder, von dem ich dir erzählt habe.“
„Du heißt Anthúla?“, fragte Jorjís.
„Ja, sie ist die Tochter vom Zollamtsvorsteher. Sie spielt die Gorgone.“
„Welche Gorgone?“
„In unserem Stück. Wir nehmen Eintritt, eine Drachme, und wir gehen auch in die Dörfer, nach Psathotópi, Kirkisátes und Limnió.“
„Was für ein Stück spielt ihr?“
„‚Karagiósis als Sheriff‘.“
„Hast du dir das vom Kino abgeguckt?“
„Ja.“
„Wer sieht sich schon ‚Karagiósis als Sheriff‘ an? In den Dörfern hier weiß doch keiner, was ein Sheriff ist. Warum spielen wir nicht lieber ‚Karagiósis als Bäcker‘?“
Pétros erstarrte. Ihm wurden die Flügel gekappt. Tagelang hatte er sich den Kopf darüber zerbrochen, wie er den jungen Griechen mit dem Riesen und die Gorgone mit dem Sheriff und Sir Dionísios vereinbaren könne, und jetzt schlug Jorjís vor, „Karagiósis als Bäcker“ zu spielen.
„Und die Gorgone?“, entfuhr es Pétros gequält. Er warf Anthúla einen verlorenen Blick zu.

„Bei ‚Karagiósis als Bäcker' gibt es keine Gorgone. Wenn Anthúla mitmachen will, kann sie die Wesirstochter spielen."

„Du spielst mit?", fragte Pétros seinen Bruder hoffnungsvoll. Das erschien ihm als der einzige Lichtblick mitten in dieser plötzlichen Dunkelheit.

„Ja", sagte Jorjís, „weil ich das Stück von vorn bis hinten auswendig kann. Du willst doch damit Geld verdienen?"

„Ja, sicher."

„Deshalb spielen wir ‚Karagiósis als Bäcker'. Und verlangen für den Eintritt doppelt so viel." Jorjís hielt Pétros ein Päckchen hin, weil er so traurig aussah.

„Da, ich habe dir Chalwás mitgebracht, helles und dunkles. Und frisch geröstete Kichererbsen. Außerdem noch die Kette hier, die habe ich selber gemacht."

„So etwas kannst du auch?", fragte Pétros und sah Anthúla an, Bewunderung für seinen Bruder heischend.

„Natürlich benutze ich Werkzeug", sagte Jorjís, „Flachzange, Pinzette, Hammer."

„Darf ich Anthúla das helle Chalwás geben?", fragte Pétros zaghaft.

„Klar. Ich habe auch ein silbernes Kreuz als Anhänger gemacht."

Jorjís holte ein Schächtelchen aus der Tasche, machte es auf und zog ein kleines Kreuz an einem Silberkettchen heraus.

„Meiner Mutter mache ich dann ein anderes", wandte er sich an Anthúla, während er das Kettchen an einem Finger hin und her baumeln ließ. „Das hier ist mir sowieso zu klein geraten. Das ist für Mädchen. Gib es ihr."

Jorjís drückte Pétros das Kettchen für Anthúla in die Hand und verstand, als sie zögerte, es anzunehmen.

„Ich habe meiner Mutter nicht gesagt, dass ich ihr ein Kreuz mitbringe“, erklärte er ihr.
„Nimm's ruhig“, redete ihr auch Pétros zu. Er brachte ihr schließlich die Kette und streifte sie ihr über den Kopf, als sie nicht einmal die Hand danach ausstreckte.
„Ich muss gehen“, stieß sie hervor und verschwand eiligst durch die Tür.
„Hallo, wo seid ihr denn?“, ertönte die Stimme der Mutter aus dem Haus. Sie war auf der Suche nach den Brüdern, die sie kurz allein gelassen hatte, jetzt aber mit der ganzen Familie um sich haben wollte.
Sie gingen ins Haus. Die Großmutter umarmte Pétros mit Tränen in den Augen.
„Mein Vögelchen“, sagte sie zu ihm und küsste ihn aufs Haar, „ich habe große Sehnsucht nach dir gehabt. Du bist ja ein richtiger Mann geworden!“
Sie schob die Hand unter ihre Schürze und tastete nach der Geheimtasche in ihrem Rock. Pétros wusste bis heute nicht, wo diese eigentlich war. Jetzt holte Großmutter aus der Geheimtasche ein zugeknotetes Taschentuch, machte es auf, zog ein Geldbündel hervor und gab Pétros einen Fünfziger. „Ich habe nichts anderes, mein Sohn, was ich dir schenken kann“, sagte sie, und Pétros küsste ihr die Hand.
Die Mutter und Jorjís unterhielten sich. Der Vater war wieder ins Zollamt gegangen, nachdem er die Großmutter und Jorjís begrüßt hatte.
Jorjís redete ununterbrochen über die Arbeit und den Laden. Großmutter sagte: „Lenió kommt mit Charílaos im September für eine Woche.“
„Mögen sie gesund ankommen“, sagte die Mutter.
„Ich mache jetzt auch Kreuze“, sagte Jorjís.

„Er macht auch eins für dich, Mutter“, sagte Pétros. „Nicht wahr, Jorjís?“
„Ich muss es nur noch polieren, und dann bringe ich es mit“, sagte Jorjís.
„Hauptsache, mein Sohn, du hast geschickte Hände und du bist gesund. Ich brauche keinen Schmuck.“
Dann wandte sie sich an Oma.
„Hast du Pantelís gesehen?“, fragte sie.
„Wo?“, sagte Oma klagend. „Ist er etwa hier? Ist er zurückgekommen?“
„Er ist in Jánnena. Hat er euch nicht besucht?“
„Nein.“
„Bei Christus und der Panagía, seiner Mutter“, sagte die Mutter und bekreuzigte sich. „Ein merkwürdiger Mensch. Er kam am Samstag und am Montag war er schon wieder verschwunden.“
„Ist er gesund?“
„Er strotzt vor Gesundheit. Alles ist überstanden. Ihm geht’s viel besser als vorher. Keine Angst.“
„Gelobt sei Gott!“
„Hast du Jorjís die Rollschuhe und den Ball gegeben, die der Onkel ihm mitgebracht hat?“, fragte Pétros.
„Wie hätte ich das auch noch schaffen sollen, mein Sohn. Sie sind in der Waschküche. Geht doch hin und schaut sie euch an.“

Von jetzt an wurde die Waschküche Geheimwerkstatt für die große Vorstellung, die Kochíli und alle Dörfer der Ebene in Erstaunen versetzen sollte. Die Brüder breiteten Karton auf dem Boden aus, machten sich mit Bleistift, Stichel und Schere daran, die fehlenden Figuren zu zeichnen, auszuschneiden und die Teile aneinander zu nähen. Pétros musste häufig aufseufzen, weil sein Traumstück so plötzlich ausgetauscht worden war. Doch die Aussicht auf zwei Drachmen Eintritt und Jorjís' Hilfe ließen ihn seinen Schmerz schnell vergessen. So stürzte auch er sich in die Arbeit.

Verstohlen beobachtete er Jorjís' geschickte Hände, denn er wollte sich etwas von dessen Schnelligkeit und Meisterschaft aneignen. Schließlich war Jorjís drei Jahre älter als er und arbeitete bei Onkel Charílaos in der Silberschmiedewerkstatt. Er hatte gelernt, mit Pinzette, Flachzange und Hammer zu arbeiten, auch Entwürfe zu machen, aber er, Pétros, …

„Du kriegst das gut hin", lobte Jorjís, und Pétros plusterte sich auf wie die Truthenne von Dermánis. Genau da kam Anthúla, die jetzt ein grünes Kleid mit weitem Halsausschnitt trug, sodass man ihr Kreuz sehen konnte.

„Meine Mutter lässt sich bei dir bedanken. Das sei nicht nötig gewesen, hat sie gesagt, nicht mal Erwachsene machen solche Geschenke."

Sie machten sich nun daran, „Karagiósis als Bäcker" auswendig zu lernen. Jorjís sprach ihnen den Text vor, und sie sprachen ihm nach. Anthúla spielte die Wesirstochter und Kollitíri, einen Sohn des Karagiósis. Als Kollitíri war sie allerdings viel besser. Pétros spielte Karagiósis, Chatsiwátis und Sir Dionísios. Die übrigen Rollen mit tiefer Stimme, nämlich Oheim Jórgos, den Wesir, Weligékas, Stáwrakas und Morfoniós, spielte Jorjís. Morgen früh wollten sie die Leinwand ans Fenster hängen, sie gut spannen und bei Einbruch der Dunkelheit für ihre erste Probe Kerzen anzünden.

„Ach, uns fehlt Onkel Pantelís", sagte Pétros, „der könnte so gut helfen. Er kann den Oheim Jórgos sehr gut."
Jorjís hatte mit seinem Bruder über die Rollschuhe, den Ball und das Fahrrad geredet.
„Ich habe in Arta Rollschuhe", sagte er zu Pétros und sah ihn dabei an:. „Wenn du willst, schenke ich dir diese hier."
Als er etwas später Chatsiwátis das fehlende Bein mit einem gewachsten Bindfaden an die Pluderhose geknotet hatte, fragte er Pétros: „Warum hast du das Fahrrad verkauft?"
Pétros sagte nichts. Er drehte sich nach Anthúla um. Sie sahen sich schweigend an, als müssten sie eine Vereinbarung treffen. Dann nickte Anthúla mit dem Kopf, als wolle sie sagen: „In Ordnung, wir erzählen es ihm."
So gaben sie ihr großes Geheimnis preis, erzählten von der Hütte, der Verschwörung, von der niemand etwas ahnte, von ihrem nächtlichen Diebstahl im Zollamtslager und der unglaublich großen Maus, die Anthúla Angst und Schrecken eingejagt hatte. Sie erzählten Jorjís alles, auch von Pános' Mutter und sogar von Onkel Pantelís, der mit ihr zusammen nach Jánnena gefahren war, und dass sie nicht wussten, was das bedeutete.
„Muss er sterben?", fragte Jorjís.
Weder Pétros noch Anthúla erwiderten etwas.
Jorjís legte Sir Dionísios beiseite und stand auf. Er ging zum Fenster, maß mit den Handflächen dessen Breite und wandte sich dann an Pétros. „Wie viel Geld hast du?"
„Dreihundertfünfzig. Und meine Sparbüchse."
„Ich habe meinen Lohn, abzüglich ein paar Ausgaben, zweihundertvierzig Drachmen. Und dreihundertfünfzig von dir ..."

„Ich habe auch eine Sparbüchse", warf Anthula mit neuer Begeisterung ein.
„Wie viel ist drin?"
„Weiß ich nicht. Soll ich sie aufbrechen?"
„Noch nicht. Erst einmal reicht es."
„Über was redet ihr?", fragte jetzt Jorjís, als lege er großen Wert auf ihre Meinung. Er war natürlich viel älter als sie, aber über Pános wussten sie besser Bescheid. „Sollen wir Tsólkas kommen lassen, um ihn zu untersuchen?"
„Wer ist Tsólkas?", fragte Anthúla beunruhigt.
Ihr gefiel es überhaupt nicht, dass im Lauf der Zeit immer mehr von ihrem Geheimnis gelüftet wurde. Sie hatte Angst davor, dass Pános vertrieben würde, wenn seine Anwesenheit im Dorf bekannt wurde. Wer kümmerte sich dann um ihn?
„Tsólkas ist unser Arzt. Aber auch mein Patenonkel."
„Der sagt's womöglich meiner Mutter, dass wir zu Pános gehen, und dann …"
„Ich bitte ihn eben, niemandem etwas zu verraten. Niemandem! Wir zahlen ihm auch das Doppelte."
„Man wird ihn sehen, wenn er kommt!"
„Wir lassen ihn nachts kommen. Von der hinteren Seite, von den Platanen. Kein Mensch geht je dahin."
„Pános geht es aber doch jetzt gut", meinte Anthúla überzeugt, „was soll denn Tsólkas bei ihm?"
„Ja, das stimmt, es geht ihm gut", setzte Pétros hinzu. „Er isst, nimmt sogar zu, hustet nicht und spuckt auch kein Blut."
„Hat er Blut gespuckt?", fragte Jorjís, der ganz blass geworden war.
„Aber nur am Anfang", beruhigte ihn Anthúla, „jetzt

nicht mehr. Er hat auch kein Fieber mehr und ist immer gut aufgelegt."
„Wenn wir uns Mühe geben, wird er gesund", sagte Pétros zu Jorjís. „Du wirst es erleben, dass er gesund wird."
„Dann muss er auch keine Angst mehr haben, von den Leuten entdeckt zu werden", fügte Anthúla hinzu.
„Er braucht sich dann gar nicht mehr zu verstecken."
„Und wird wieder in die Schule gehen."
„Weißt du, wie viel der weiß?"
„Wenn du wüsstest, was er uns beigebracht hat."
„Schließlich will er ja Lehrer werden."
Sie hörten die „Nawkratússa" dreimal tuten und traten ans offene Fenster. Das Schiff mit den zwei Schornsteinen war schon im Hafen eingelaufen und warf Anker.
„Tauchst du immer noch?", fragte Jorjís.
„Ganz oft", antwortete Pétros und unterstrich das Gesagte mit heftigen Kreisbewegungen der rechten Hand.
„Und Anthúla?" – „Sie ist zu zart." Pétros benutzte dieses Wort, das Anthúlas Mutter verwendet hatte, voll Stolz.
„Ich bin überhaupt nicht zu zart", sagte Anthula eingeschnappt. „Meine Mutter erlaubt es mir nur nicht."
Die Kinder liefen zum Meer. An der Mole herrschte plötzlich geschäftiges Treiben und Menschen drängelten sich zwischen Karren, Pferdefuhrwerken und Lastwagen hindurch. Loren glitten über die Gleise, Boote und Lastkähne fuhren unter den anfeuernden Rufen der Bootsleute hinüber zur „Nawkratússa", um sie zu entladen. Die Leute aus den Dörfern, mit Brotbeuteln über der Schulter und Körben in der Hand, schubsten sich gegenseitig, weil jeder als Erster an Bord gehen wollte. Wie Ziegen sprangen sie ins Boot, als es anlegte.

„Langsam, ihr Leute“, rief der Schiffer, „sonst kentern wir!“
Die Kinder lachten. Als sie gerade ins Wasser springen wollten, hörten sie hinter sich die Hupe von Dúlas Karanássos’ Chevrolet und drehten sich alle drei um. Der Chevrolet musste wegen der vielen Leute langsam fahren. Die Kinder sahen Onkel Pantelís auf dem Rücksitz und erwarteten eigentlich, dass Dúlas Karanássos zur Begrüßung anhielt. Aber kaum ließ das Gedränge etwas nach, beschleunigte er und fuhr weiter zum Leuchtturm.
„Der hat uns gar nicht gesehen …“, sagte Pétros enttäuscht.
„War das nicht Onkel Pantelís?“, fragte Jorjís verwundert.
„Ja.“
„Wieso fährt er dorthin?“, fragte Jorjís jetzt beunruhigt.
Die Mienen der Kinder verdüsterten sich.
„Sollen wir nachschauen, was los ist?“, fragte Anthúla leise. „Aber so, dass er nichts merkt.“
Sie warteten, bis sich der Chevrolet über den großen Platz entfernt hatte, bevor sie sich auf den Weg zu Pános’ Hütte machten. Scheinbar sorglos schlenderten sie unter den Tamarisken am Ufer entlang, spurteten aber zwischendurch los, als würden sie verfolgt oder duckten sich unter niedrige Bäume, um nicht gesehen zu werden. Als sie bei der Hütte angekommen waren, bezogen sie Beobachtungsposten.
Sie hatten sich nicht geirrt. Der Chevrolet stand ungefähr hundert Meter von ihnen entfernt und Dúlas Karanássos füllte mit einem Tonkrug Wasser in den Kühler. Onkel Pantelís stand mit einem Paket unterm Arm und einem Korb in der Hand vor der Hütte ihres Freundes, blickte

sich aber plötzlich hastig um und verschwand. Von ihrem Versteck aus konnten die Kinder nur das geschlossene Fenster, aber nicht die Hüttentür auf der anderen Seite sehen.
„Was glaubst du“, fragte Anthúla mit angehaltenem Atem, „nimmt er ihn mit?“
„Weiß ich nicht“, erwiderte Pétros und schluckte schwer.
„Pssst!“, zischte Jorjís. „Wartet halt ab.“
So warteten sie geraume Zeit, ohne sich zu mucksen und zu bewegen, bis Onkel Pantelís mit leeren Händen hinter der Hütte wieder zum Vorschein kam. Er blieb kurz stehen, blickte sich hastig um und winkte Dúlas Karanássos herbei. Als der Chevrolet neben ihm bremste, stieg er ein. Doch anstatt zurück nach Kochíli fuhr der Chevrolet zum Leuchtturm und drehte zum Erstaunen der Kinder dort drei Runden. Dann fuhr er ziemlich schnell über den großen Platz direkt auf sie zu, und sie mussten sich ducken, um nicht gesehen zu werden. Er fuhr so schnell an ihnen vorbei, dass er schon in Kochíli ankam, bevor sie noch richtig aufgestanden waren.
Die Kinder rannten zur Hütte und kamen außer Atem an. Die Tür stand halb offen und Pétros stieß sie zögernd ganz auf. Anthúla und Jorjís standen hinter ihm. Pános kam erstaunt an die offene Tür.
„Geht es dir gut?“, fragte Anthúla und strahlte, weil sie ihn gesund vor sich sah.
„Mir geht es gut“, sagte Pános regungslos.
Die Kinder atmeten auf. Sie gingen zur Steinbank.
„Was hat mein Onkel zu dir gesagt?“, fragte jetzt Jorjís, „was wollte er von dir?“
Pános sah diesen neuen Jungen verwirrt an, weil er nicht wusste, wer er war. Er machte einen Schritt auf ihn zu.

„Das ist mein Bruder Jorjís“, erklärte Pétros schnell, der die Situation erfasst hatte. „Wir haben ihm alles erzählt. Er weiß Bescheid.“
„Ach so“, meinte Pános erleichtert.
„Sag schon, was wollte er hier?“, meinte Anthúla ungeduldig.
„Nun ja, er hat mir einen Korb mit Lebensmitteln und Geschenken mitgebracht und eine Schachtel mit süßen Stückchen aus einer Konditorei. Ich habe sie noch nicht angerührt.“
Er holte aus der Hütte eine Schachtel, die er behutsam nur ganz außen festhielt, und stellte sie auf die Bank.
„Esst davon“, sagte er und trat wieder einen Schritt zurück.
„Was hat er denn zu dir gesagt?“, hakte Pétros neugierig nach.
Pános senkte den Kopf. Er zögerte mit einer Antwort.
„Was hat er zu dir gesagt?“, beharrte Pétros.
„Dass meine Mutter am Samstag nicht kommt, weil Kótsiras schwer krank ist und sie ihn pflegen muss. Er hat gesagt, sie kommt am Dienstag.“
„Sonst nichts?“
Pános sah die drei Kinder an und ging dann zur Tür, wo er sich noch einmal umdrehte.
„Er hat mich gefragt“, sagte er mit gesenktem Kopf, „ob ich auch einen Vater haben möchte, so wie die meisten Kinder.“
Er ging in die Hütte und schloss die Tür hinter sich.

13. Kapitel

Die Situation spitzt sich zu

Am nächsten Samstag war Marienfest. Jorjís dachte daran, wie es im letzten Jahr gewesen war, und dass jedes Jahr in dem Kirchlein am Fluss gefeiert wurde, obwohl es so winzig war. Aus allen Dörfern der Ebene, aus Psathotópi, Kirkisátes, Kalówato, Gawriá, Limnió und Niochóri strömten die Leute mit Kind und Kegel nach Kochíli, begleitet von Zigeunern mit Klarinetten und Trommeln. Dann wurde von zehn Uhr abends bis zum Sonnenaufgang am Sonntag gefeiert.

Fliegende Händler breiteten ihre prächtigen Waren auf Bänken, Wolldecken und Flickenteppichen auf der Erde aus. Die Festgäste flanierten und gafften, junge Mädchen kauften bunte Bänder, Kämmchen, Ohrringe mit blauen oder roten Steinen, Perlen, Spitzen, unechte Ringe oder Haarspangen, und alte Frauen Heiligenbildchen, duftenden Weihrauch oder zwei, drei Kerzen, um sie Maria zu Ehren anzuzünden.

Die kleinen Kinder staunten die vielen bunten Blechspielsachen an, die so unglaublich in der Sonne glänzten. Überall quengelten Kinder, die von ihren Müttern tausend Dinge gekauft haben wollten, wie Dudelsackpfeifen, Pistolen, Trillerpfeifen, Taschenmesser, Puppen, Bälle, aber auch Zuckerzeug, Pastélli aus Honig und Sesam, Chalwás und Zuckerwatte, die sie Greisinnenhaar nannten. Sie wollten bunte Luftballons, um sie aufzublasen und auf

dem Kopf anderer Kinder platzen zu lassen. Wenn die Mütter zögerten, fingen die Kinder an zu kreischen.
„Samstagabend um sieben geben wir unsere Vorstellung“, sagte Jorjís zu Pétros, „wenn viele Kinder in Kochíli sind. Wir schreiben ein Schild mit großen Buchstaben und stellen es unten ans Meer. Ich mache den öffentlichen Ausrufer, damit alle von uns erfahren.“
Die Jungen saßen in ihrem kleinen Zimmer neben dem Esszimmer und machten Pläne für den großen Tag. Ihre Tür stand halb offen, und sie hörten Onkel Pantelís lachen und reden, während er wieder Rakí trank und dazu geröstete Kichererbsen aß. Ihr Vater sagte zu ihm: „Sieh dich vor mit dem Alkohol, Pantelís“, und der Onkel antwortete: „Ach, damals war das anders, inzwischen hat sich alles geändert.“ So ging es unter Gelächter mit „Prost“, „Gute Reise“ und „Auf ein gutes Wiedersehen“ weiter. Ihr Onkel wollte um acht Uhr mit der „Nawkratússa“ nach Préwesa fahren. „Ich will die Schneiderei wieder aufmachen, Chrístos“, sagte er jetzt zum Vater.
„Hast du wirklich Lust zu dieser Schinderei?“, meinte dieser.
„Ich muss arbeiten, ich habe sonst nichts, wovon ich leben könnte.“
„Glaubst du, die Leute in Préwesa werden …“
„Ach, doch nicht in Préwesa, sondern in Jánnena. Ich habe sogar schon einen preiswerten Laden am Hauptplatz gefunden, mit zwei Türen, Schaufenster und einem offenem Zwischenstock. Deshalb war ich in Jánnena. Ich habe mit Moisís Sússis, dem Kaschmirstoffhändler, wegen eines Anfangskredits verhandelt. Das ist auch in seinem Interesse, denn er hat bei mir schon gut abgesahnt.“

„Überanstrenge dich nicht, Pantelís. Vergiss nicht, was du durchgemacht hast. Die Arbeit mit Nadel und Faden ist anstrengend. Wie willst du das alleine schaffen?"
„Ich werde nicht allein sein", sagte Onkel Pantelís.
Sie hörten wieder sein herzliches Lachen und die Stimme ihrer Mutter: „Ich habe dir ein paar frische Fische gebraten, damit du nicht mit leerem Magen aufbrichst. Salat habe ich auch schon gemacht."
„Gott vergelt's dir, Schwägerin."
„Hast du einen Partner gefunden?", fragte der Vater.
„Darüber reden wir, wenn die Zeit dazu reif ist …"
„Was willst du in Préwesa, wenn der Laden in Jánnena ist?"
„Meine Nähmaschinen sind noch dort, Tische und Spiegel. Ich will alles auf ein Auto laden und nach Jánnena bringen."
„Dann sehen wir dich also nicht mehr?"
„Am Dienstag bin ich wieder hier."
„Bleibst du dann wenigstens etwas bei uns?"
„Darüber reden wir am Dienstag", sagte Onkel Pantelís und hob sein Glas: „Prost!"
„Trink nicht so viel …"
„Ach, damit ich's nicht vergesse, Martha. Gib Pétros sein Fahrrad. Der Arme ist genug bestraft."
„Er spricht von meinem Fahrrad", rief Pétros nebenan leise und sprang auf.
„Psssst!", machte Jorjís. „Lass uns zuhören."
„Soll ich es jetzt herbringen?", fragte der Vater.
„Wo ist es?"
„Ich habe es im Lager vom Zollamt versteckt. So, wie du mir geraten hattest."
„Nein", sagte der Onkel. „Gib's ihm, wenn ich abgefahren

bin. Er soll lernen, nicht nur zu nehmen, sondern auch zu geben."
„Hat er dir nicht gesagt, wozu er das Geld braucht?"
„Nein, aber ich habe da so eine Vermutung."
„Was der wohl vermutet?", zischte Pétros Jorjís zu.
„Sei doch ruhig, ich will zuhören!"
Aber sie hörten nichts mehr, weil die Schiffssirene der „Nawkratússa" losheulte und ihr Onkel aufbrach.
Die Kinder hatten vereinbart, dass die Vorstellung um sieben Uhr abends beginnen sollte.
Mittwoch, Donnerstag, Freitag und fast den ganzen Samstag waren sie ununterbrochen auf den Beinen. Sie kümmerten sich ja nicht nur um das Stück, sondern auch um Bänke und Hocker für die Zuschauer im Hof. Jorjís packte kräftig zu, und Pétros und Anthúla halfen ihm. Alles, was sie an alten und weggeworfenen Kisten im Lager des Zollamts fanden, wurde im Handumdrehen draußen auf dem Kopfsteinpflaster als Hocker und Bänke in Reihen so aufgestellt, dass in der Mitte und an den Seiten Gänge für das Publikum frei blieben.
„Bis jetzt hatte ich es nur mit einem Verrückten zu tun", sagte Mutter Martha, „jetzt sind schon drei Verrückte daraus geworden!" Sie meinte Jorjís und dieses lebhafte kleine Mädchen, diese Anthúla, die überall mit dabei war. Trotzdem half die Mutter, wo sie konnte. „Damit sie eine Stunde früher fertig sind und ich meine Ruhe habe", sagte sie zwar, aber in tiefster Seele taten ihr die Kinder Leid, weil sie sich so abplagten.
„Wie lang kann ich mich noch hier an ihnen freuen?", fragte sie sich. „In ein paar Tagen haben wir September und sie verlassen mich. Dieses Jahr alle beide."

Sie wischte den Hof für sie, nähte ihnen das Leintuch, kaufte ihnen Kerzen, gab ihnen Petroleumlampen und eine Laterne für ihre Arbeit. Wenn sie noch mehr von ihr wollten, murrte sie auch schon mal: „Ihr bringt mich noch um“, tat ihnen aber den Gefallen.

Die Kinder bereiteten auch zwei Blöckchen mit Eintrittskarten vor, auf denen „Karagiósis als Bäcker, zwei Drachmen“ stand und stellten ein Eisentischchen neben das Hoftor, an das sich Jorjís setzen und die Karten selbst abreißen sollte. Anthúla und Pétros wollten sich neben ihn stellen und mit Luchsaugen aufpassen, damit ihnen kein Nassauer das Geschäft vermasselte.

In dem ganzen Durcheinander vergaßen sie Pános natürlich nicht. Für ihn fand schließlich die ganze Festveranstaltung statt.

Mit des Onkels Geschenk war der Weg zur Hütte nun kinderleicht und eine einfache Spazierfahrt, auf der sie sich nicht mehr verstecken mussten. Jeden Morgen machten sie sich, Jorjís auf Rollschuhen und Pétros auf dem Fahrrad mit Anthúla auf dem Gepäckträger, mit ihren Geschenken auf den Weg zu Pános. Sie leisteten ihm ein, zwei Stunden Gesellschaft und hatten auch etwas Unterricht. Obwohl es nun noch einen zweiten Lehrer gab, nämlich Jorjís, waren ihre Gedanken trotzdem an diesen Tagen nicht beim Alphabet, sondern bei „Karagiósis als Bäcker“.

Sie versuchten Pános mit Engelszungen zu überreden, zu der Vorstellung zu kommen.

„Nein, nein, ich kann nicht … kann nicht“, wehrte Pános ab, „das geht wirklich nicht. Ihr müsst nach der Vorstellung herkommen und mir erzählen, wie es war. Ich werde auf euch warten.“

So machten sich die drei Kinder abends nach der Aufführung, als der Applaus abgeebbt war, als Lampen und Kerzen in der Waschküche gelöscht waren, mit Rollschuhen und Fahrrad auf den Weg. Sie wollten ihrem Freund Pános, der ganz allein dort in seinem Hüttchen auf sie wartete, persönlich all die aufregenden Neuigkeiten bringen. Die Erwachsenen waren inzwischen unterwegs zum Strand, von wo die ersten Takte des Tsámikos-Tanzes zu hören waren.

„Alle waren außer Rand und Band“, würden sie ihm erzählen, „der Hof war überfüllt von Frauen und Männern, Jungen und Mädchen. Die Kleinsten hockten auf der Mauer, dem Feigenbaum, den Tamarisken und auf dem Boden. Alle lachten, klatschten, schrien und trampelten vor Freude mit den Füßen auf die Steinplatten. Anthúla war der beste Kollitíri, den es je in Kochíli gegeben hat, Karagiósis war noch nie so gefällig gewesen und Oheim Jórgos noch nie so witzig.“ Sie würden ihm außerdem erzählen, dass ihre Einnahmen dreihundertzwanzig Drachmen betrugen, weil viele Leute mehr als einen Zweier bezahlt hatten, so der Herr Zollamtsvorsteher sogar fünfzig und der Zollbeamte Tétsis ganze zwanzig.

So kamen sie bei der Hütte an, aber die Türe war geschlossen, keine Lampe brannte davor, und niemand erwartete sie. Die drei Kinder blieben mit angehaltenem Atem und wild klopfendem Herzen stehen. Anthúla traute sich zuerst nach vorn und stieß die Tür leicht mit dem Fuß auf.

„Pános ...!“, rief sie leise

Da fassten sich Pétros und Jorjís ebenfalls ein Herz, kamen näher und riefen auch nach Pános. Als niemand antwortete, beschlossen sie angstvoll, hineinzugehen.

Das Öllämpchen war fast ausgebrannt. Im Dämmerlicht sahen sie, dass ihr Freund bis zur Nasenspitze zugedeckt war, und hörten, wie er keuchte.
„Oh!“, stöhnte er.
Anthúla näherte sich zögernd und zog die Decke vorsichtig etwas runter.
„Geht es dir schlecht?“, brachte sie gerade noch hervor.
„Ich verbrenne“, antwortete er mit geschlossenen Augen.
Als Anthúla Pános die Hand auf die Stirn legen wollte, zog Pétros sie sanft zurück.
„Brauchst du irgendetwas?“, fragte er Pános.
„Etwas Wasser?“, mischte sich auch Jorjís ein.
„Nein, geht weg. Oh! Geht raus … ihr dürft nicht hier drin sein … ihr dürft nicht …“
Instinktiv wichen die Kinder zurück.
„Soll ich ihm vielleicht eine Tablette holen?“, fragte Pétros ganz leise die beiden anderen Kinder.
„Willst du eine Tablette?“, fragte Jorjis etwas lauter.
„Nein …“
Die drei Kinder verstummten verwirrt und wussten nicht, was sie tun oder lassen sollten.
„Geht weg“, ächzte Pános. „Lasst mich allein.“
Er klapperte mit den Zähnen, weil er so hohes Fieber hatte, und zog sich die Decke bis über die Ohren.
Jorjís schlüpfte mit Anthúla und Pétros hinaus und schloss die Tür.
„Sollen wir Tsólkas holen?“, flüsterte er.
„Um diese Uhrzeit?“, fragte Pétros.
„Wie sollen wir denn hinkommen?“, fragte Anthúla.
„Zu Fuß“, sagte Jorjís.
„Da brauchen wir Stunden.“

„Sollen wir Pános ganz allein lassen?“
„Was denn sonst?“
„Es Mutter sagen“, schlug Pétros vor.
„Da kriegen wir Ärger“, meinte Jorjís.
„Ich habe Angst“, sagte Anthúla. „Lasst uns gehn.“
„Ich bleibe!“, sagte Pétros.
„Mutter wird dich suchen“, sagte Jorjís, „und dann ist alles vermasselt.“
Sie blieben noch eine Weile vor der Hütte. Durch die halb offene Tür sahen sie, wie das Licht aufflackerte und erlosch. Sie erschraken. Pétros stieß die Tür auf und ging hinein, obwohl Anthúla versuchte, ihn am Arm zurückzuhalten. Er kam gleich wieder raus.
„Er stöhnt immer noch“, sagte er und schloss die Tür hinter sich.
„Ich bin der Meinung, wir sollten jetzt gehen“, sagte Jorjís. „Morgen früh fahren wir nach Arta und holen den Arzt.“

Am nächsten Morgen stand Jorjís früh auf. Er weckte Pétros, der im Bett neben ihm schlief, nicht auf und rannte unbemerkt – die Mutter war in der Waschküche und der Vater im Zollamt – zu Pános’ Hüttchen. Doch schon nach zwanzig Metern versteckte er sich plötzlich hinter einer Tamariske und wusste selbst nicht, warum. Genau in diesem Moment ging die Hüttentür auf, und Pános kam halb angezogen, blass und mit einem Handtuch über den Schultern mit unsicheren Schritten heraus. Er musste sich an der Bank festhalten, um nicht hinzufallen. Er ging weiter zum Fluss und setzte sich so hin, dass ihn die Binsen verdeckten und Jorjís ihn nicht mehr sehen konnte. Mit

Mühe stand er wieder auf und ging zur Hütte zurück. Dort hob er den Wasserkrug an den Mund und trank, ohne abzusetzen. Als er den Krug an die Steinbank lehnen wollte, entglitt er seinen zitternden Händen und zerschellte auf dem Boden. Jorjís entfuhr ein unterdrücktes „Ach!", doch Pános hörte ihn nicht und schaffte es mit letzter Kraft gerade noch bis zur Hütte.

Jorjís stöberte den Lastwagenbesitzer Jánnis Démitsas auf, verhandelte mit ihm und ging dann nach Hause. Anthúla und Pétros waren inzwischen aufgewacht und erwarteten ihn schon.

„Fahren wir?", fragte Pétros.

„Um zehn", sagte Jorjís feierlich. „Démitsas fährt nach Arta. Ich habe ihn gebeten, uns mitzunehmen. Er will dreißig Piepen dafür."

„Was sollen wir bloß Mutter sagen?", fragte Pétros.

„Ganz einfach, dass wir in alle Dörfer in der Nähe müssen, um alles für unser Karagiósis-Vorstellung anzuleiern."

„Nehmt ihr mich auch mit?", fragte Anthúla.

„Wenn's deine Mutter erlaubt", meinte Jorjís.

„Ich werde ihr nichts sagen."

„Ach, komm schon", sagte Pétros, „wir nehmen sie mit."

„Zu dritt fallen wir auf", sagte Jorjís.

„Aber wir sind doch früh wieder zurück", warf Anthúla, den Tränen nahe, hastig ein.

Sie nahmen sie mit.

Jorjís stieg in Kochíli in den Lastwagen. Pétros und Anthúla waren zu Fuß vor das Dorf gelaufen und warteten dort. Démitsas stieg aus und half ihnen auf den Lastwagen hinauf, auf dem schon ein Dutzend Leute saßen.

Sie kamen erst nach Mittag in Arta an, weil sie in jedem Dorf halten mussten, um die übernächtigten Festbummler abzusetzen. Jorjís kannte den Weg zum Haus seines Patenonkels Tsólkas; es stand in der Nähe der Bischofskirche und des Arachthos.

Sie klopften an und traten ein. Tsólkas und seine Frau waren gerade beim Essen. Sie standen beunruhigt auf.

„Warum kommt ihr her, Jorjís?“, fragte sein Patenonkel, der Arzt. „Was ist los? Wie geht's dir, kleiner Pétros?“

„Wer ist das kleine Mädchen?“, fragte Frau Tsólkas.

„Ich muss mit dir sprechen, Patenonkel“, sagte Jorjís.

„Ich höre“, sagte Tsólkas bereitwillig.

Jorjís starrte ihn wortlos an, der Arzt begriff.

„Allein?“

Jorjís nickte.

„Gehen wir hinüber“, sagte der Arzt.

„Habt ihr schon gegessen, Kinder?“, fragte Frau Tsólkas.

Pétros und Anthúla lief beim Anblick von Fleisch mit Spaghetti und beim Duft von Tomatensoße mit dicken Zimtstücken das Wasser im Mund zusammen.

„Tu den Kindern was auf den Teller“, sagte der Arzt.

Dann ging er mit Jorjís in sein Büro.

Kurz vor zwei Uhr kam der Chevrolet mit den Kindern und dem Arzt in Kochíli an. Dúlas Karanássos sang während der ganzen Fahrt.

> „Wärest du das Töchterlein
> des Herrn Bürgermeisters hier,
> ich würd dich trotzdem küssen,
> müsste ich auch ins Gefängnis.“

Anthúla war aus Angst vor ihrer Mutter ganz nervös, weil

sie sich so verspätet hatten, und wie sich erwies, mit Recht. Die Mütter von Anthúla, Pétros und Jorjís standen vor Tétis' Haus, suchten die Straße mit den Augen ab und fuchtelten aufgeregt mit den Armen. Vor allem Anthúlas Mutter.

„Kein Wort", sagte Tsólkas, als der Chevrolet in der Gasse anhielt, und fuhr beim Aussteigen an die beiden Jungen gewandt fort: „Ihr wartet im Auto. Keiner steigt aus."

Er half Anthúla aus dem Auto und ging mit ihr stolz Hand in Hand zu den beiden Müttern hinüber, die sie reserviert empfingen.

Was Tsólkas ihnen sagte, wie er sie besänftigte, welche Märchen er ihnen aufband, konnten die Jungen, die mit angehaltenem Atem alles verfolgten, nicht hören. Sie sahen zu ihrer Überraschung, dass ihre Mutter den Arzt mit einem Lachen begrüßte, etwas zu Anthúlas Mutter sagte, wie diese ihm mit reizendem Lächeln die Hand reichte und Anthúla zärtlich über den Kopf strich. Wie der Arzt dann etwas zu ihnen sagte und dabei in Richtung Chevrolet deutete, wie sie höflich nickten, lachten und Anthúlas Mutter sehr würdevoll tat. Wie dann der Arzt mit Anthúla an der Hand, die die ganze Strecke vor Freude auf einem Bein hüpfte, weil ihre Mutter sie nicht ausgeschimpft hatte, zum Auto zurückkam.

„Wir fahren zurück nach Arta!", sagte der Arzt zu Dúlas Karanássos.

„Gehen wir nicht zu ...?", fragte Pétros verzweifelt.

„Pssst! ...", schnitt ihm Tsólkas streng das Wort ab.

Er stieg mit Anthúla wieder ein, Dúlas Karanássos ließ den Motor an und fuhr Richtung Arta los.

„Jetzt nimm hier links den Weg ...", sagte der Arzt nach fünfhundert Metern.

Der Chevrolet bog ab, fuhr an den drei großen Platanen wieder nach links und den Weg am Fluss, am Wuwós, entlang auf die Rückseite der Hütte zu. Die Kinder atmeten auf.

In damaligen Zeiten gehörte der Arzt zur Familie. Er wusste alles über die Kinder, wann sie auf die Welt gekommen waren, wann sie Keuchhusten, wann Masern gehabt hatten und wann sie geimpft worden waren. Die Welt war klein, und man hatte viel Zeit, konnte sich umeinander kümmern, sich gegenseitig die Herzen öffnen.

So war Tsólkas der Patenonkel von Jorjís geworden. Mutter Martha war schon lange mit seiner Schwester Sofia befreundet, mit der sie in derselben Nachbarschaft in Agia Theodóra aufgewachsen war. Doch davon unabhängig, hatte den Arzt die Geschichte, die ihm sein Patensohn in seinem Arbeitszimmer erzählt hatte, sehr gerührt. Sieh einer an, dachte er, was diese Teufelskerlchen ausgeheckt haben. Welch Mut und Herzensgüte!

Jetzt gehörte er auch zu der Verschwörung. Seine erste Sorge galt natürlich der Rettung des Jungen, dessen Zustand er nicht kannte. Wenn er eine Chance hatte, gesund zu werden, würde er versuchen, ihn in einem Sanatorium in Athen unterzubringen. „Wir werden sehen“, sagte er. Weil er wusste, dass die Kinder unbedingt dabei sein und erfahren wollten, wie es um ihren Schützling bestellt war, hatte er für die Mütter ein Märchen erfunden. Er habe sie auf der Straße getroffen, wo sie friedlich herumspaziert seien, und habe sie im Chevrolet mitgenommen, um ihnen in der Fischzucht von Logarós zu zeigen, wie die Fischrogen eingepökelt wurden. Dann habe er sie zum Essen eingeladen, und jetzt seien sie auf dem Weg zum Leucht-

turm, wo er ihnen den Kompass und die „Horizontalpunkte" erklären wolle.
Die Kinder lachten zwar bei der Geschichte, waren aber in Gedanken mehr bei ihrem Freund. Würden sie noch rechtzeitig kommen oder ...?
Endlich bremste der Chevrolet und der Arzt stieg aus.
„Wartet hier", sagte er und ging mit seinem Köfferchen zur Hütte.
Dúlas Karanássos hatte drei Leidenschaften. Seinen Chevrolet, Singen und den Anisschnaps Ouso. Er machte den Mund nur auf, um seinen Chevrolet zu loben, ein Lied zu singen oder Ouso zu trinken. Zu sonst nichts. Seinen Kunden gab das die beruhigende Sicherheit, dass niemand erfuhr, wo der Chevrolet hinfuhr, wen er beförderte, wo er anhielt und wann er zurückkam, wenn Dúlas Karanássos am Steuer saß. Auch jetzt verhielt sich Dúlas Karanássos nicht anders. Nachdem der Arzt und die Kinder vor der Hütte ausgestiegen waren, ging er, auf einer langen Binse kauend, an den Wuwós. Er streifte das Wasser, das träge zum Amwrakikós floss, kurz mit einem Blick, legte sich auf einen niedrigen Tamariskenast und hob leise zu singen an.

„Fische brate ich,
Fische in der Küche ..."

Die drei Kinder standen immer wieder auf, sahen sich aber weder an, noch wechselten sie ein Wort. Ihre Blicke trafen sich höchstens in der halb offenen Hüttentür, wo der Arzt auftauchen musste. Sie beteten, er möge mit fröhlichem Gesicht herauskommen.
Es dauerte lange.
Die Sonne versengte den harten Erdboden, brachte die Luft um die Tamarisken zum Flimmern und ließ den

Leuchtturm durchsichtig wie Glas erscheinen. In der Ferne tauchte der Himmel zu einem kühlen Bad ins Meer, doch war es nirgends kühl, weil der Maístros, der frische Nordwestwind, Kochíli heute vergessen hatte. Der Schweiß perlte den Kindern, die auf die halb offene Türe starrten, über Gesicht und Hals.

„Kannst du nicht mal hingehen und nachsehen, warum er so lange braucht?", flüsterte Pétros Anthúla schließlich zu, weil er die Warterei nicht mehr aushielt.

Doch genau in dem Moment, als Anthúla den ersten Schritt machte, öffnete sich die Tür ganz, und der Arzt kam heraus. Mit angehaltenem Atem erstarrten die Kinder und sahen ihn mit großen Augen fragend an.

Er kam zu ihnen herüber.

„Das Fieber hat nichts mit seiner Krankheit zu tun", sagte er. „Das kommt von den Mandeln." Er schwieg, als warte er auf Fragen der Kinder.

„Und die Krankheit?", traute sich Pétros zu fragen.

Der Arzt antwortete nicht, blickte sie nur zärtlich an, strich Anthúla, die am nächsten bei ihm stand, leicht übers Haar und lächelte. Er wollte sie weder unnötig traurig noch ihnen falsche Hoffnungen machen.

„Ich werde tun, was ich kann", sagte er, als spräche er mit sich selbst, „was ich kann ..."

14. Kapitel

Wenn Menschen zu Unmenschen werden

Am Montagmittag sank das Fieber. Während der Arzt Pános das Fieber maß, wartete die Kinder ohne jede Heimlichtuerei vor der Hütte. Es gab ja keinen Grund mehr dafür, und niemand würde ein Wort darüber verlieren. Schließlich hatte Tsólkas selbst sie hergebracht, um seinen Patienten aufzuheitern.
Tsólkas sollte höchst persönlich das Geschehene noch im Lauf des Tages unter die Leute von Kochíli bringen. Zunächst aber ging er, nachdem er Pános' untersucht hatte, mit Jorjís und Pétros nach Hause, wo er sich erst einmal gründlich Hände und Gesicht wusch. Dann untersuchte er die drei kleinen Verschwörer der Reihe nach, die verschämt wie unschuldige Täubchen herumstanden und keinen Pieps von sich gaben.
Ob die Eltern sie wohl ausschimpften, wenn Tsólkas wegging?
Jetzt setzte der Arzt sich die Brille auf und hieß sie die Hemden ausziehen. Er betrachtete sie sich genauestens von oben bis unten, tastete und horchte sie lange gründlich ab. „Wahre Löwen seid ihr", lachte er und klopfte ihnen anerkennend auf den Rücken.
Anthúlas Eltern waren von ihrem Haus auch herübergekommen. Ihre drohenden Blicke verhießen nichts Gutes. Pétros' und Jorjís' Vater schlenderte herum und sagte dabei: „Sieh einer an, da wollten uns diese kleinen Halunken

die Hölle heiß machen. Vor allem dieser Geheimniskrämer hier, dieser Karagiósis-Spieler."
„Lass bloß die Kinder in Ruhe" sagte die Mutter. „Denen hat der liebe Gott eingegeben, dem vaterlosen Jungen zu helfen, denn wir Erwachsenen haben ja Steine statt Herzen."
„Geht jetzt ruhig spielen", sagte der Arzt zu den Kindern, als sie sich angezogen hatten und nur auf ein Signal warteten, um zu verschwinden.
„Ich bitte Sie inständig, die ganze Angelegenheit auf sich beruhen zu lassen", sagte Tsólkas jetzt zu den Erwachsenen. „Sie dürfen die Kinder deshalb nicht ausschimpfen, nie ein böses Wort darüber verlieren. Sie wissen doch, sie haben ein weiches Herz und jede falsche Geste könnte sie verletzen." Er verabschiedete sich und lachte nur, als der Zollamtsvorsteher einige Worte über das Honorar fallen ließ. Er schlug ihm herzlich auf die Schulter und ließ sich von den beiden Vätern hinausbegleiten.
Dúlas Karanássos parkte unweit vom Kaffeehaus. Dermánis und seine Gäste ließen ihren Kaffee stehen und standen auf, als der Arzt kam, um ihn zu begrüßen. Der packte die Gelegenheit beim Schopf und erzählte ihnen von dem kranken Jungen. Er hielt sich auch darüber auf, wie herzlos und feindlich man sich häufig Mitmenschen gegenüber verhält, deren einziger Fehler in ihrem Pech besteht, krank zu sein. Anstatt ihnen zu helfen, machte man sie oft durch mangelnde Anteilnahme noch unglücklicher.
Als Anéstis Wlojáris aufbegehren wollte, versetzte Dermánis ihm unterm Tisch einen Tritt, und er hielt den Mund. Auf den Arzt war schließlich jeder angewiesen und man erwies ihm Respekt. Er war König und sein Wort Gesetz. Vor allem ein Arzt wie Herr Tsólkas.

Dúlas Karanássos ließ den Motor an, als er sah, dass sich der Arzt zum Gehen anschickte, und fuhr vor dem Kaffeehaus vor. Alle Leute grüßten Tsólkas zum Abschied. Er stieg in den Chevrolet ein und winkte grüßend zurück, begleitet von lautem Gehupe.
„Ich zünde dieser Schwindsüchtigen ihre Dreckshütte an", drohte Dermánis, als das Auto am Straßenende verschwand. „Erinnert mich daran."
Am Tag darauf besuchte Herr Tsólkas seinen kleinen Patienten wieder mit Dúlas Karanássos, der im Triumph und in voller Lautstärke hupend am Ufer entlang bis zur Hütte fuhr. Dort öffnete er dem Arzt den Wagenschlag und ließ sich dann am Flussufer nieder, um sein Lied von des Bürgermeisters Töchterlein zu singen.
Die Kinder, die vor der Hütte gewartet hatten, stürzten sich auf den Arzt wie Hühner auf Maiskörner. Der setzte das Paket ab, das er außer seinem Köfferchen bei sich hatte, und strich den Kindern über den Kopf.
„Habt ihr etwa hier übernachtet?", fragte er sie und lachte. Die Kinder lachten auch.
„Geben Sie ihm eine Spritze?", fragte Anthúla, mutiger geworden.
„Nur eine? Drei!"
„Ach, der Ärmste", sagte Anthúla.
Tsólkas hob das Paket auf und trat in die Hütte ein.
Wieder mussten sie warten. Aber dieses Mal waren sie viel ruhiger und zuversichtlicher, denn sie wussten, dass ihr Freund nun in guten Händen war. Er würde sicher bald gesund, mit ihnen im Fluss schwimmen können, nach Zehnern im Meer tauchen und mit ihnen ins „Kapitol" gehen und einen Film ansehen.

„Hör dir das an, drei Spritzen!“, sagte Anthúla betrübt.
„Pános ist doch ein Mann und kein Mädchen“, sagte Pétros. „Männer halten das aus.“ Da erschien der Arzt in der Tür.
„Sechsunddreißig fünf!“, sagte er fröhlich.
„Er lebe hoch“, riefen alle Kinder zusammen.
Mit einer Kopfbewegung forderte der Arzt Pános auf herauszukommen. Der kam langsam und hielt sich am Türrahmen fest, weil seine Beine noch wackelig waren, auch wenn er kein Fieber mehr hatte. Tsólkas machte ihm Platz.
„Guten Tag“, sagte Pános mit seinem schönen Lächeln.
Die Kinder strahlten vor Freude, brachten aber kein Wort heraus, weil sie nicht damit gerechnet hatten, ihn heil und gesund wieder zu sehen. Sie starrten gebannt auf dieses Bild, ihr Freund mit dem Arzt vor der offenen Tür, und wussten nicht, wen von beiden sie gerade mehr liebten.
So ruhig, wie er begonnen hatte, ging der Montag zu Ende. Die Kinder blieben den ganzen Tag an der Hütte, gingen schwimmen und aßen auch dort. Mittags brachte Pétros Anthúla allerdings nach Hause, damit ihre Mutter nicht schimpfte.
„Ich hole dich heute Nachmittag wieder ab“, sagte er.
„Ich komme allein“, sagte Anthúla.
Abends setzte sich Pános auf die Bank. Mit etwas Milch nahm er die Tropfen und Tabletten, die der Arzt ihm mitgebracht hatte. Wie früher setzten sich die drei Kinder auf die andere Seite des Seils, und auch ihre Freundschaft war wie früher. Neu war, dass es jetzt für jeden Schüler einen Lehrer gab. Im Moment hatte niemand Lust auf neue Buchstaben, denn Pános' Erschöpfung war spürbar. So fingen alle auf einmal an, von der Karagiósis-Vorstellung

zu erzählen. Pános wurde es leicht ums Herz, seine Augen verloren alle Schwermut, und seine Lippen, die er seit zwei Tagen vor Angst fest aufeinander gepresst hatte, entkrampften sich. Er lachte über die Unbeholfenheit von Karagiósis als Bäcker und den Unsinn, den Morfoniós anstellte.

Währenddessen bot sich ihnen ein ungeheurer Anblick. Am Himmel gingen Tausende von Sternen auf, tauchten alles in Licht, Land und Meer, Kochíli, drüben den Leuchtturm mit seinem Blinklicht, hier die Hütte und die Gesichter der vier Kinder. Die ganze Erde! Die Kinder saßen sich gegenüber und freuten sich über den Segen dieser ruhigen vorletzten Augustnacht.

Pános seufzte auf.

„Ach, wie gut, dass das Fieber gefallen ist“, sagte er. „Morgen ist Dienstag, da kommt meine Mutter. Ich wollte auf gar keinen Fall, dass die Ärmste mich so im Bett sieht.“

Alles war merkwürdig, als der Dienstag anbrach, obwohl Kochíli aussah wie immer. Der Amwrakikós glich einem schneeweißen frisch gebügelten Leintuch, das in den Goldglanz der Sonnenstrahlen getaucht worden war. Die Leute aus Kochíli saßen in Dermánis’ Kaffeehaus und spielten Karten. Von den weiter weg liegenden Hütten kamen langsam die Schauerleute, die Schiffer der Boote und Lastkähne zum Empfang der „Nawkratússa“ herbei, die von hier aus wieder nach Piräus fuhr.

Anthúla kam zu den Jungen in den Hof, die dort auf sie warteten und mit ihr zu Pános gehen wollten.

„Was hast du?“, fragte Pétros, als er ihre traurige Miene sah.

„Mein Vater ...“
„Hat er dich verhauen?“
„Nein. Er ist befördert worden.“
„Was bedeutet das?“
„Er ist aufgerückt“, erklärte Jorjís, der die Kugellager seiner Rollschuhe ölte.
„Nämlich?“
„Er bekommt einen höheren Posten.“ Jorjís setzte hinzu: „Einen höheren Rang.“
„Und deswegen ziehst du so ein Gesicht?“
„Er wird versetzt“, sagte Anthúla.
„Was heißt das nun wieder?“
„Wir ziehen von hier fort.“
„Warum?“, fragte Pétros und konnte es nicht glauben.
„Das Zollamt hier ist klein. Wir gehen in ein größeres.“
„Wer sagt das?“
„Der Inspektor, der hier war. Er hat festgestellt, dass mein Vater gut ist.“
„Und wo geht ihr hin?“, fragte Pétros gepresst.
„Nach Ithaka.“
„Ach!“
„Ithaka ist die Heimat von Odysseus und der war ein Held.“
„Ich weiß“, sagte Pétros, obwohl es ihm nicht eingefallen war.
„Er war im Trojanischen Krieg.“
Jetzt erinnerte sich Pétros. Odysseus war der, der das trojanische Pferd gemacht hatte.
„Und hat zehn Jahre für den Heimweg gebraucht.“
„Das weiß doch jeder“, sagte Pétros aufgebracht.
Ihm fiel die ganze Geschichte, die ihm Kapitän Melétis

erzählt hatte, wieder ein, von Skylla und Charybdis, vom Kyklopen und dieser Kirke mit den Schweinen. Aber was hatte das alles jetzt mit ihm zu tun? Er sah Anthúla an, und die Tränen stiegen ihm in die Augen. Aber er nahm sich wie ein Mann zusammen, weil er nicht wollte, dass Jorjís ihn so sah.
„Und wann fahrt ihr weg?“, fragte er.
„Wir müssen zum Schulanfang dort sein“, sagte Anthúla.
„Ich gehe mit meinem Bruder in Arta in die Schule“, sagte Pétros daraufhin.
Er war wütend auf sie, weil sie wegzog, obwohl er wusste, dass sie nichts dafür konnte. Er drehte sich abrupt um und rannte in die Waschküche, weil er das alles irgendwie verdauen musste.
Jorjís und Anthúla traten von außen ans Fenster.
„Wir gehen“, sagten sie. „Kommst du nicht mit?“
„Ich komme“, sagte Pétros.
Aber der Tag war allen verdorben.
Als der Arzt mittags aus Arta kam, saßen die vier Kinder vor der Hütte, Pános auf seiner Seite, die anderen jenseits des Seils, und unterhielten sich. Er untersuchte Pános noch einmal und schien außerordentlich zufrieden.
„Wann kommt deine Mutter?“, fragte er ihn.
„Heute“, sagte Pános.
„Hast du Lust, ein bisschen spazieren zu gehen?“
„Darf ich denn?“, fragte Pános sehnsüchtig.
„Du darfst es nicht nur, du sollst es sogar manchmal tun. Bis zum Leuchtturm, wenn du willst.“
„Jetzt?“
„Jetzt, später, wann du willst. Aber schön langsam, nicht rennen.“

Die Kinder sahen den Arzt an und trauten ihren Ohren nicht.
„Schadet mir das auch nicht?“, fragte Pános ängstlich.
„He, wieso soll dir das schaden, wenn der Arzt es dir sagt“, sagte Jorjís, um ihm Mut zu machen.
„Wenn ihr weggeht“, sagte Pános zaghaft.
„Es wird dir gut tun“, sagte Tsólkas und gab ihm lachend einen Klaps auf den Rücken.
Er schloss sein Köfferchen und verließ die Kinder mit einem Gruß. Aber auch Jorjís, Pétros und Anthúla brachen auf, als sie die Sirene der „Nawkratússa“ hörten. Ihre Schornsteine glitten jetzt mit einer Begrüßungsrauchfahne für Kochíli hinterm Leuchtturm hervor.
Dúlas Karanássos raste mit dem Arzt in seinem Chevrolet im Karacho und mit einem Hupkonzert an Dermánis' Kaffeehaus vorbei in Richtung Arta. Da fast alle Gäste zum Schiff an die Mole gegangen waren und der Polizist sich dienstlich in Kirkisátes befand, war das Lokal so gut wie leer. Nur Anéstis Wlojáris, Kapitän Minás und die Hand voll Rowdys, die sich Dermánis extra aus Niochóri für sein spezielles Vorhaben hatte kommen lassen, saßen herum. Er holte hinter der Theke einen Petroleumkanister hervor, ein Bündel Werg und Schnur und gab seinen Helfershelfern je zwei kurze Pflöcke. Er schlug sich mit der flachen Hand auf die Hose, um sich zu vergewissern, dass er die Streichhölzer nicht vergessen hatte.
„Gehen wir!“
„Verschieben wir das nicht besser auf abends?“, sagte Anéstis Wlojáris und stand auf.
„Warum? Vor wem muss ich schon Angst haben? Vor wem Heimlichkeiten? Mitten am Tag fackle ich sie ab.

Alle sollen es sehen und sagen: Ein braver Kerl, dieser Dermánis! Der schafft bei uns Ordnung!"
„Und der Junge?", wagte Minás zu fragen.
„Der ist sowieso nicht zu retten. Wir verhelfen ihm eine Stunde früher zu seinem Seelenfrieden."
Die Männer marschierten los, Dermánis voran, dicht gefolgt von Anéstis Wlojáris, Kapitän Minás und den flegelhaften Helfershelfern, die über Dermánis' schlechten Witz lachten.
Niemand drehte sich nach ihnen um, niemand erkundigte sich nach ihrem Vorhaben oder hielt sie zurück. Ganz Kochíli hatte in dieser Stunde nur Augen für den Amwrakikós, die Lastkähne und die winkenden Passagiere an Deck der „Nawkratússa". So konnte Dermánis mit seinen Kumpanen unbehelligt den Weg am Strand und den Tamarisken entlang über den großen Platz zu Pános' Hütte nehmen.
Sie begegneten keiner Menschenseele, niemand trat ihnen in den Weg und hielt sie auf. Sie fühlten sich wie Helden, ja wie Königsadler, die das Dorf von Verseuchung, Pest und Schwindsucht befreien würden.
Ungefähr zehn Meter vor der Hütte blieben sie stehen. Sie schreckten vor jedem weiteren Schritt zurück, um sich ja nicht anzustecken. „Reicht es von hier aus?", fragte Dermánis seine Kumpane.
Aber anstatt einer Antwort bekam er nur ein dumpfes „huch" zu hören und noch einmal „huch". Die Männer begannen aus den Holzpflöcken Lunten zu machen.
Tür und Fenster der Hütte waren geschlossen.
„Besser so", sagte Dermánis, als hätte er plötzlich Mitleid bekommen, „so überraschen wir ihn im Schlaf und er bekommt nichts mit."

Er zog ein Stück Werg aus der Tasche, wickelte es um das Ende des Holzpflocks und band es mit Schnur fest.
Sie wollten fünf oder sechs Lunten machen. Auf jeden Fall sollte alles heute laufen, auch wenn es vielleicht nicht auf Anhieb klappte.
„Sollen wir den Jungen nicht herausrufen?“, ließ sich da Anéstis Wlojáris vernehmen. Da er Enkelkinder hatte, quälte ihn die Vorstellung, den Jungen bei lebendigem Leib zu verbrennen.
„Warum denn? Hat uns seine Mutter etwa um Erlaubnis gefragt, als sie ihn hier angeschleppt hat, direkt vor unsere Häuser?“
„Ich gehe, ich bleibe nicht hier“, sagte Anéstis; inzwischen bereute er, dass er mitgekommen war.
„Mach's gut“, sagte Dermánis eiskalt und tränkte das erste Wergbüschel mit Petroleum.
„Hallo, Junge, komm schnell raus“, rief Anéstis Wlojáris unerwartet, indem er zwei Schritte zurücktrat, „sonst verbrennst du armes Kerlchen bei lebendigem Leib!“
Dermánis drehte sich mit bitterböser Miene nach ihm um, zündete aber ohne Verzug die erste Lunte an und gab sie einem seiner wartenden Kumpel. Der wog sie kurz in der Hand und schleuderte sie dann auf die Hütte, die er um einen Meter verfehlte.
„Hallo, komm doch raus“, schrie Anéstis wieder und wich noch weiter zurück.
Dermánis zündete die zweite Lunte an und gab sie einem der Männer.
„Konzentrier dich!“, sagte er zu ihm.
Der nahm einen Anlauf und schleuderte die Lunte vor die Hüttentür.

„Ich zeige euch bei der Polizei an", drohte Anéstis. „Ich geh jetzt!"
Aber einer der Rowdys versperrte ihm den Weg.
„Du gehst nirgendwohin!", sagte er und versetzte ihm einen Stoß.
Doch Anéstis schubste ihn beiseite und machte sich eiligst in Richtung Leuchtturm aus dem Staub. Bei einem solchen Verbrechen wollte er nicht dabei sein und es auch nicht sehen.
Hinter ihm grölte die ganze Bande und schleuderte die übrigen Lunten auf die Hütte.
„Näher dran, Jungs, näher dran!", trieb Dermánis sie an.
Da erblickte Anéstis völlig unerwartet Pános, der erschrocken vom Leuchtturm auf die Hütte zulief.
„Nicht", schrie er. „Geh nicht hin!"
Pános war spazieren gegangen, wie es ihm der Arzt empfohlen hatte. Zum ersten Mal nach langer Zeit fühlte er sich so beschwingt und froh, weil ihn seine Beine wieder trugen und er wie alle andere Kinder laufen konnte. Da hörte er plötzlich Stimmen und sah von weitem die brennenden Lunten vor seiner Hütte.
„Meine Hütte", sagte er voller Wut, „die verbrennen meine Hütte! Wo soll ich dann schlafen?"
Er wollte hinrennen, aber Anéstis Wlojáris, der für einen Moment seine Angst vor Schwindsucht und Bakterien vergaß, hielt ihn am Arm zurück.
„Wo gehst du hin, Junge? Die zünden dich dort auch noch persönlich an!"
Als jetzt eine Lunte neben die Hüttentür fiel und das Schilf in Brand geriet, konnte Pános sich nicht länger beherrschen und begann zu weinen.

„Warum brennen die meine Hütte ab? Was habe ich ihnen getan? Warum?“
Genau in diesem Moment schoss der Chevrolet von Dúlas Karanássos laut hupend hinter den Tamarisken hervor. Anéstis lockerte den Griff um Pános Arm. Beide sahen, wie Onkel Pantelís aus dem Auto stieg und Dermánis genau in dem Augenblick erwischte, als der eigenhändig die letzte Lunte auf die Hütte werfen wollte.
„Was machst du Saukerl da?“, brüllte er.
Jetzt sprang auch Pános' Mutter aus dem Chevrolet.
„Mein Junge“, rief sie verzweifelt. „Pános! Pános!“
„Hier ich bin, Mutter“, antwortete Pános, so laut er konnte.
Er wollte zu ihr stürmen, aber Anéstis konnte ihn gerade noch zurückhalten. „Warte doch“, sagte er.
Pános' Mutter hatte die Stimme erkannt und rannte zu ihrem Sohn, der sich Anéstis' Griff entwand und ihr mitten auf dem Weg in die ausgestreckten Arme fiel.
„Mein Junge!“, schluchzte sie auf.
Inzwischen hatte Pantelís Dermánis den Arm so fest verdreht, dass der die Lunte auf den Boden fallen ließ. Pantelís hob sie auf und warf sie hinunter zum Fluss. Er sah sich fuchsteufelswild um und entdeckte das Steuerruder eines Kahns, ein dickes Holzstück von fast vier Kilo. Er hielt es Dermánis unter die Nase.
„Verschwinde von hier“, schrie er ihn an.
Dermánis wich erschrocken einen Schritt zurück.
„Wer bist du denn?“, sagte er. „Was geht dich das überhaupt an?“
Aber Pantelís hatte eine der weggeworfenen Lunten, die noch brannte, aufgehoben und drohte ihm damit.

„Verschwinde mit deiner Gangsterbande von hier“, herrschte er ihn an. „Sonst schließe ich euch alle in der Hütte ein und lege Feuer.“
Keiner der sauberen Helfershelfer wagte sich zu rühren, als sie sahen, wie ihr Anführer die Augen niederschlug.
„Wir reden noch miteinander“, sagte Dermánis.
„Halt den Mund“, erwiderte Pantelís und schubste ihn weg.
„Gehen wir“, sagte Dermánis wie ein geschlagener Hund zu seiner Truppe.
Pantelís sah ihnen drohend aufgerichtet nach, bis sie abgezogen waren. Dann bückte er sich, um zwei noch immer brennende Holzpflöcke aufzuheben und auch in den Fluss zu werfen.
Arm in Arm gingen Pános und seine Mutter jetzt in die Hütte.
Derweil hielt Anéstis mit eingezogenem Kopf auf Kochíli zu. „Das war Sünde“, flüsterte er. „Eine große Sünde. Gott hat nicht zugelassen, dass …“
„Du hast dich verspätet“, sagte Pános zu seiner Mutter, als sie sich auf die Steinbank setzten.
Pantelís trampelte auf dem trockenen Gras herum, das immer noch glimmte und qualmte.
„Du hast dich arg verspätet“, wiederholte Pános, und wie ein nicht aufzuhaltender Sturzbach brach der ganze Jammer aus ihm heraus.
Seine Mutter, die neben ihm auf der Bank saß, streichelte ihm weinend den Kopf. „Ich lasse dich nie mehr allein! Niemals. Wegen dir waren wir unterwegs und sind jetzt gekommen, um dich zu holen.“
Pantelís gesellte sich zu ihnen und sah Pános’ Mutter zärtlich an, die seinen Blick erwiderte.

„Das ist dein neuer Vater", erklärte sie etwas verschämt. „Wir haben heute Morgen in einer kleinen Kirche in Jánnena geheiratet."

Sie war sehr nervös, weil sie nicht wusste, wie Pános sich dazu stellte. Schließlich war er kein kleines Kind mehr, sondern begriff, um was es ging. Sie und Pantelís warteten. Dann holte Pános mit den Händen vor den Augen tief Atem, schluchzte auf und barg seinen Kopf im Schoß seiner Mutter.

15. Kapitel

Volle Kraft voraus!

Die „Nawkratússa“ tutete dreimal. Sie war bereit zum Ablegen. Pétros' Vater ließ dem Kapitän allerdings bestellen, er möchte sich doch etwas gedulden, und dieser tat ihm den Gefallen.
„Mein Bruder Pantelís geht heute auf große Reise“, ließ er ihm ausrichten.
Die ganze Familie wollte zur Mole kommen, um Pantelís zu verabschieden. „Wer weiß, wann wir diesen Verrückten wieder sehen“, meinte Pétros' Oma.
„Na, wer wird denn so etwas sagen?“
Sie fasste sich an den Kopf, als verstehe sie das alles nicht. „Ich sag ja nichts“, redete sie weiter, mehr zu sich selbst, „er hat ein gutes Werk für die allein stehende Frau und den vaterlosen Jungen getan. Aber so, von einem Tag auf den anderen? Ohne irgendjemandem das Geringste zu sagen? Ohne einen Christenmenschen zu fragen, wo sie herkommt? Entscheidet man sich heutzutage so zu einer Ehe? Setzt man sich so den Hochzeitskranz auf? Deshalb meine ich, dass er total verrückt ist! Anbinden sollte man ihn!“
Pantelís lachte und kitzelte sie unter den Achseln.
„Lass mich in Ruhe, du verrückter Kerl“, sagte sie.
„Meine neue Frau ist lieb, sie hat viel durchgemacht, viel gelitten. Sie wird mich verstehen, Mutter.“
„Und der Junge?“, fragte sie leise, damit Pános' Mutter,

die mit ihrem Sohn im Arm im Hof wartete, sie nicht hörte. „Bleibt er am Leben?“
„Ich werde mich dafür einsetzen, Mutter. Habe ich etwa nicht überlebt?“
„Ein Kerlchen von zehn Jahren“, sagte die Oma und wusste nicht so genau, mit wem sie mehr Mitleid hatte, mit ihrem Sohn oder dem vaterlosen Jungen.
„Ja, Mutter“, sagte Pantelís. „So alt wie mein Sohn jetzt wäre. Mein und … Angelikúlas Sohn.“ Dabei wurden seine Augen feucht.
„Ich hab’s nicht mehr länger alleine ausgehalten, deshalb“, sagte er leise.
Alle waren im Esszimmer und hörten es. Der Vater, Jorjís, Pétros, sogar Anthúla wollten in solchen Stunden nicht fehlen. Pétros’ Mutter war bei Pános’ Mutter, die sich mit ihrem Sohn absichtlich abseits hielt, draußen im Hof.
„Bring den Jungen ins Haus“, sagte Frau Mártha, „es ist kühl geworden.“
„Er ist warm angezogen“, antwortete Pános Mutter.
Frau Mártha fuhr dem Jungen durch die Haare.
„Armes Kerlchen. Was diese Antichristen dir antun wollten.“ Sie wandte sich ab, denn sie wollte nicht, dass man ihre Tränen sah.
„Wann kommt ihr denn zurück? Was meinst du?“, fragte sie und sah Pános’ Mutter wieder an.
Diese hob zum ersten Mal den Kopf, so versunken war sie in den Anblick ihres Sohnes gewesen.
„Das liegt in Gottes Hand!“, antwortete sie und drückte Pános fester an sich.
Die Kinder wollten weder das verpassen, was Onkel

Pantelís im Esszimmer zur Großmutter sagte, noch ein Wort von dem, was im Hof geredet wurde. Am meisten interessierte es sie natürlich, wann sie ihren Freund wieder sehen würden.

„Fahrt ihr gleich ins Ausland? In die Schweiz?"

„Nein. Wir werden den Jungen erst in Athen untersuchen lassen. Pantelís hat das in die Wege geleitet, als er jetzt dort war."

„Er war auch in Athen?"

Pános' Mutter senkte wieder den Kopf.

„Wann hat er das bloß alles geschafft?", fuhr Frau Mártha fort.

„Ja, wirklich!"

„Mit Gottes Hilfe rettet er auch Pános!"

Frau Mártha strich dem Jungen, der sich an seine Mutter schmiegte, wieder übers Haar, und vor lauter Mitgefühl kamen ihr erneut die Tränen.

„Ach du liebe Güte, ich habe ganz vergessen, euch etwas anzubieten, ihr seid so unerwartet gekommen!", sagte sie und stürzte beschämt in die Küche.

Doch genau in diesem Moment tutete die „Nawkratússa" schon wieder und sie machten sich alle auf den Weg zur Mole.

Beim dritten Tuten küsste Pantelís alle der Reihe nach auf beide Wangen. Dann sprang er ins Boot und streckte die Arme nach Pános aus, den seine Mutter noch im Arm hatte. Mit einer Hand drückte Pantelís den Jungen an sich, mit der anderen half er seiner Liebsten ins Boot. Dann legten sie ab.

Niemand rührte sich, nicht auf der Mole, nicht im Boot. Die Trennung kam zu plötzlich. Sie waren alle sehr traurig

und wollten dennoch diesen Abschied nicht hinauszögern. Sie fühlten sich in Gottes Hand. Einige von ihnen ließ er hier auf der Mole zurück, andere brachte er behutsam an einen anderen Ort seiner Wahl.
Vom Deck der „Nawkratússa“ winkte Pános seinen Freunden auf der Mole zu. Er fühlte sich schuldig, weil er sie jetzt verließ und ihre Freundschaft so jäh unterbrochen wurde. Auch Jorjís, Pétros und Anthúla hoben die Arme, als sie Pános sahen, konnten sie aber nicht bewegen. Wie versteinert standen sie da, als hätten sie verabredet, die Arme nicht sinken zu lassen. Jetzt schienen sie dazu nicht einmal mehr Kraft zu haben. Die beiden Schornsteine der „Nawkratússa“ vernebelten die ganze Gegend. Der Wind trieb den schwarzen Rauch nicht zum Meer, sondern zur Mole. Die Kinder standen mitten in diesem Qualm, rieben sich die brennenden Augen und hörten das Schiff zum letzten Mal tuten. Als der Rauch verflog, war die „Nawkratússa“ verschwunden und auf der leeren Mole standen nur noch die drei Kinder, Jorjís, Pétros und Anthúla, noch immer mit reglos erhobenen Armen.

Am nächsten Tag bewölkte sich der ganze Himmel. Der Amwrakikós, der den ganzen Sommer über blau gewesen war, wurde plötzlich grau.
„Herbst“, sagte die Mutter, „und ich habe noch nichts für sie gerichtet.“
Sie meinte ihre beiden Söhne, denn dieses Jahr kam nun auch Pétros in der Schule. Sie musste die Seifenlauge für die Wäsche ansetzen, musste Strümpfe stopfen und die gewaschenen Leintücher bügeln. Ihre Schwiegermutter war

alt, und es war schon viel für sie, ihre Enkel den ganzen Winter bei sich zu haben.
Hinter den Tamarisken stob ein Schwarm Vögel auf und flog in Richtung Salaóra. Die Mutter hob den Kopf von der Arbeit.
„Sie fliegen weg", sagte sie.
Dann ließ sie Wasser in den Waschtrog laufen.

„Ich komme heute nicht mit zum Leuchtturm", sagte Anthúla zu Pétros, als er vor dem Zollamt auf sie wartete.
„Warum nicht?"
„Wir packen."
Pétros stand da und wusste nicht, was er sagen sollte.
„Unsere Sachen kommen alle in Kisten und ich helfe dabei", fuhr Anthúla fort.
„Ach!", sagte Pétros. Zwei dicke Tropfen fielen auf seine Stirn. Pétros hob den Kopf und sah zu den Wolken. „Ich gehe alleine", sagte er dann.
Aber er rührte sich nicht.
Anthúla warf kurz auch einen Blick auf die Wolken, dann auf Pétros. „Tschau", sagte sie abrupt.
Pétros antwortete nicht. Er blieb einfach stehen und sah ihr nach, bis sie im Haus verschwand.

Am Samstag reiste sein Bruder Jorjís mit der Großmutter ab. Sie wollten zwei, drei Tage früher fahren, um Haus, Fenster und Schränke zu putzen und im Hof etwas Unkraut zu jäten. Die Mutter fuhr auch mit ihnen und Pétros blieb mit seinem Vater allein in Kochíli. Die Mutter hatte ihnen eine ganze Auflaufform mit gefüllten Tomaten vorbereitet. Am kommenden Mittwoch, nach ihrer Rückkehr, wollte der Vater mit Pétros frühmorgens nach Arta fahren, um seinen Söhnen Schulbücher, Hefte, Bleistifte und Radiergummis zu kaufen, für Pétros als Erstklässler auch das erste Lesebuch, eine Tafel, ein Schwämmchen und einen Griffel. Donnerstagmorgen fing der Unterricht an.

Genauso kam es. Sonntag, Montag und Dienstag war Pétros ganz allein in Kochíli. Weder Pános noch Jorjís waren mehr da. Und diese alberne Anthúla bestand nur aus „Wir packen, wir packen". Waren diese Kisten immer noch nicht voll? Was taten die da bloß rein? Er stieg auf sein Fahrrad, fuhr bis zu den Platanen und wieder zurück. Als er am Zollamt vorbeikam, schellte er „drrr-drrr-drrr", damit Anthúla ihn hörte und herauskam. Aber sie war wohl nicht nur albern, sondern auch taub.

So trat Pétros mit doppelter Kraft in die Pedale und fuhr zu Pános' Hüttchen. Er stieg ab, holte die Buchstaben hervor, die sein Freund Pános aus Binsen und Schnur gemacht und hinter der Fischertruhe verwahrt hatte. Er breitete sie vor sich auf der Erde aus und wollte einen ganzen Satz für Anthúla zusammensetzen, die jetzt nach Ithaka fuhr. Er versuchte sie zu beschimpfen, aber seine Schreibkenntnisse reichten dazu noch nicht aus.

„Schluss damit", sagte er, „ich schreibe ihr am Ende der ersten Klasse, wenn ich das alles gelernt habe." Er kickte in die Binsenbuchstaben, und sie wirbelten durcheinander. Dann stieg er wieder auf sein Fahrrad und fuhr zum Leuchtturm. Da er keine Lust hatte, an Deck zu gehen, drehte er nur eine Runde und fuhr zurück.

Er wusste nicht, wo er hingehen sollte, und hatte auch keinen Hunger, weil ihm die gefüllten Tomaten, die es schon seit Sonntag gab, zum Hals raushingen. Er fuhr wieder

zum Zollamt, schellte „drrr-drrr-drrr", und Anthúla rief ihm durchs offene Fenster zu, als sie ihn bemerkte:
„Ich habe noch zu tun, ich verstaue gerade Nínos und Dolly in ihrer Schachtel. Komm später vorbei."
Sie verschwand vom Fenster.
Die macht sich aber wichtig, dachte Pétros böse und fuhr weiter.
Dann hörte er die Sirene der „Nawkratússa" und sah hinterm Kap Rauch hervorquellen.
„Auf diesen alten Kahn gehe ich nie mehr", überlegte Pétros. „Jedes Mal, wenn er kommt, nimmt er jemanden mit. Warum soll ich überhaupt noch tauchen? Pános ist weg und jetzt auch bald ..."
Er sprach ihren Namen nicht aus. Er war wütend auf sie.
Dann kamen die Lastenträger, um die Sachen des Zollamtsvorstehers, Kisten, Truhen, Betten und Pakete, abzuholen, und Frau Drívas ermahnte sie ständig: „Vorsicht! Passt doch auf! Das ist mein Geschirr, es ist zerbrechlich."
Pétros versuchte wegzukommen, ohne von Anthúla und ihrer Familie gesehen zu werden. Aber die Frau Zollamtsvorsteher hatte ihn schon entdeckt und stürzte sich mit ihrer stattlichen Leibesfülle auf ihn.
Dann kam noch seine Mutter, die wieder zurück war, und auch sein Vater, der seit Tagen ständig mit dem Zollamtsvorsteher zusammen war.
„Wir reisen ab", sagte Anthúlas Mutter, „wir werden Ihre nette Gesellschaft nie vergessen. Komm her, Anthúla! Was machst du denn so lange, mein Kind? Komm schnell her und verabschiede dich vom kleinen Pétros."
Anthúla trug ihren grünen Rock, den breitkrempigen Hut mit den roten Kirschen, die Tasche mit den Perlen und um

den Hals das kleine Kreuz, das Jorjís ihr geschenkt hatte; auf dem Arm hielt sie Nínos und Dolly.
Sie hat sie nicht in die Schachtel gepackt, dachte Pétros.
„Vergessen Sie uns nicht“, sagte seine Mutter zur Frau Zollamtsvorsteher. „Schreiben Sie uns.“
Anthúla kam mit einem merkwürdigen Lächeln auf ihn zu. „Adío!“, sagte sie.
Sie tat so stolz und aufgeblasen, nur weil sie mit dem Schiff nach Ithaka fuhr. Er musste mal wieder hier in Kochíli bleiben.
„Adío“, wiederholte er trotzig.
„Schreibst du mir?“, fragte sie ihn, so wie sie es bei den Erwachsenen gehört hatte, wenn sie mit dem Schiff abreisten.
„Ich kann noch nicht richtig schreiben“, antwortete er ihr.
„Schreibst du mir, wenn du es gelernt hast?“
„Nein!“ Und ohne sie noch eines Blickes zu würdigen, rannte er weg.
„Pétros! …“, rief sie ihm nach.
Sie schien zu weinen. Er blieb kurz stehen, sah sich aber nicht nach ihr um, sondern rannte gleich weiter. Völlig außer Atem kam er am Leuchtturm an. Keuchend stieg er die schmale Steintreppe empor, holte sich das Fernglas und ging auf die Seite der kleinen Terrasse, die Kochíli zugewandt war. Er sah durch das Fernglas und drehte so lange an dem Rädchen, bis das Bild ganz scharf war. Er suchte die Küste, die Mole, das Schiffsdeck, den Bug, das Heck, die Bullaugen und die Rettungsboote ab – vergeblich.
Das Schiff fährt dicht am Leuchtturm vorbei, überlegte er.
Doch die „Nawkratússa“ machte keinerlei Anstalten, die Anker zu lichten.
Was ist heut Abend mit ihr los?, fragte sich Pétros.

Die Wolken am Himmel kündigten die Nacht an, wurden grau und danach schwarz. Auf der „Nawkratússa“ gingen die Lichter an.

„Nichts werde ich sehen“, sagte sich Pétros bedrückt, weil Kapitän Melétis jetzt gleich kam, um den Leuchtturm in Betrieb zu nehmen. Er wollte sicher von ihm wissen, was er um diese Zeit hier noch zu suchen hatte, auch wenn es noch nicht richtig dunkel war.

Da, endlich! Dreimal tutete die „Nawkratússa“, und Pétros machte vor Freude einen Luftsprung.

Wenig später glitt das schöne Schiff mit seinen strahlenden Lichtern, die in der Abenddämmerung funkelnden Sternen glichen, stolz am Leuchtturm vorbei.

Pétros presste das Fernglas an die Augen und suchte wieder Deck, Bug, Heck und die Bullaugen ab. Anthúla war nirgends. Auch als er an dem Rädchen vorwärts und rückwärts drehte. Nichts. Das Schiff tutete noch einmal, und Pétros verfolgte durch das Fernglas, wie es sich entfernte. Dann setzte er das Fernglas ab, und die „Nawkratússa“ war auf einmal so weit weg, als sei sie geflogen. Gleich verschwand sie ums Kap.

Er streifte den Riemen des Fernglases über den Kopf, brachte es in den Leuchtturm und lief schnell die Treppe hinunter. Er trat ins Freie und begann zu rennen. Als er Magenschmerzen bekam, blieb er stehen.

Wohl vor lauter Hunger, dachte er.

Irgendwo weit weg blitzte und donnerte es.

Ich muss mich beeilen, sagte er sich, damit ich nicht nass werde. Und er rannte weiter.

Nachts versuchte er in seinem kleinem Zimmer vergeblich nach Ithaka zu fliegen, um Anthúla zu sagen, dass er sie, wenn er erwachsen und Kapitän sei, heiraten werde. Er schwang die Arme wie Flügel, stieß sich mit den Füßen von den Steinplatten ab, konnte aber um nichts in der Welt abheben. Er versuchte es noch einmal, aber ohne Erfolg! Er war schwer wie Eisen.
Dermánis hat Schuld, dachte er. Er war neidisch auf meine Kraft und hat sie mir geklaut. Ich schmeiße ihm die Fenster ein. Er wollte aufstehen, bekam aber nur mit Mühe die Augen auf. Durch das Fenster drang ein roter Schein.
„Die Sonne!", sagte er.
Aber es war nicht die Sonne. Als er genauer hinsah, merkte er, dass es Feuer war.
Nackt wie er war, rannte er hinaus. Das Hüttchen seines Freundes Pános stand in Flammen. Aus dem Feuer und dem Rauch kamen drei Schatten auf Kochíli zu, und er erkannte Dermánis, Kapitän Minás und Anéstis Wlojáris, obgleich der Himmel voll schwarzer Wolken war.
Mit unserm Hauptquartier ist es nun wohl auch zu Ende, dachte er.
Plötzlich kam ein Wolkenbruch und Pétros war von diesem himmlischen Wasserfall in einer Minute klitschenass. Er rannte in sein Zimmer und trocknete sich mit dem Handtuch ab. Es dämmerte gerade erst und er war noch müde. Er ging wieder ins Bett, deckte sich mit der Baumwolldecke zu und lauschte der Sturzflut, die auf das Zinkdach des Hühnerstalls prasselte.
Hat der Regen wohl die Hütte gerettet?, fragte er sich.
Er schloss die Augen. Heute war Mittwoch, dachte er, und sein Vater hatte Dúlas Karanássos für elf Uhr bestellt. Sie

wollten nach Arta fahren, denn morgen kam er in die Schule. Dann verschwand alles.
Als er aufwachte, stand die Sonne hoch am Himmel. Die Erde roch verbrannt und die Regentropfen glitzerten wie kleine Diamanten auf den Tamarisken.
Pétros öffnete das Fenster und sah hinüber zum Leuchtturm. Der große Platz glich jetzt einem weiten Meer, und der Leuchtturm dort drüben ähnelte einem Schiff. Nirgends eine Straße, nur Wasser. Wie verstreute Inselchen ragten die Gipfel der Tamarisken aus dem stillen Ozean.
Ich muss aufstehen, dachte Pétros, sonst schaffe ich es nicht.
Er zog sich blitzschnell an und stahl sich heimlich aus dem Haus, damit ihn seine Mutter nicht von der Küche aus hörte. Er machte sich auf den Weg zum Leuchtturm. Was hieß da Weg? Der vertraute Pfad glich eher einer flachen Küste. Er rannte, was das Zeug hielt, dieselbe Strecke durch das seichte Wasser, die er früher mit Anthúla von ihrem „Schiff“ nach Kochíli benutzt hatte.
Völlig durchnässt kam er beim Leuchtturm an, stieg die kleine Treppe hinauf an Deck. Er atmete tief durch und rief: „Hievt die Anker! Maschine Marsch! Mit Volldampf voraus … Ruder zwei Grad steuerbord. Mit Kurs auf Ithaka …“
Als sein Schiff die normale Fahrgeschwindigkeit erreichte und stolz durch die Wellen des Amwrakikós pflügte, holte er das Fernglas aus der Kapitänskajüte und suchte von der Brücke aus das weite Meer ab. Er wollte weder die Felsen von Skylla und Charybdis rammen noch von dem Kyklopen mit einem Felsbrocken versenkt werden und machte deshalb einen weiten Bogen um dessen Insel. Seinem

zweiten Kapitän befahl er, ihn an den Mast zu binden, damit er nicht dem Gesang der Sirenen folgte, wenn das Schiff in der Nähe ihrer Insel war. Genau da ertönte die Hupe des Chevrolets und sein Vater sprang heraus.
„Hier bist du also, mein Junge", rief er, „und ich suche dich seit einer Stunde. Wann fahren wir nach Arta? Es wird Herbst, der Sommer ist vorbei. Morgen kommst du in die Schule! Oder hast du das vergessen?"
Pétros kam schweren Herzens vom Leuchtturm herab und lief zu seinem Vater. Der nahm ihn an der Hand und strich ihm zärtlich übers Haar.
„Nächstes Jahr gibt's wieder Schiffsreisen", sagte er und lachte.
Er half Pétros ins Auto auf den Rücksitz und setzte sich selbst neben Dúlas Karanássos, der gleich Gas gab. Pétros wollte nicht auf Kochíli sehen, auf das sie zufuhren, sondern auf seinen Leuchtturm, und drehte sich deshalb um. Da war sein Schiff, das er einsam mitten im Ozean ohne Steuermann und Kapitän zurückließ.
Die Hinterräder des Chevrolets bespritzten das Rückfenster so mit Wasser, dass sein Schiff im Nebel verschwand. Pétros bemühte sich vergeblich das Fenster abzuwischen, denn es war von außen beschlagen. Das Schiff wurde kleiner, fuhr immer weiter weg, bis es zu einem winzigen Punkt inmitten des Nebels geworden war, um kurz darauf ganz zu verschwinden.

Die Deutsche Bibliothek – Cip-Einheitsaufnahme

Dimópoulos, Dínos:
Die kleinen Delphine vom Amwrakikós : Roman / Dínos Dimópoulos.
Aus dem Griech. von Brigitte von Seckendorff-Kourgierakis. – 1. Aufl. –
Berlin : Kinderbuch-Verl., 1999 (Kibu-Kinderbuch)
ISBN 3-358-02183-1

Kibu® Kinderbuch

Erstveröffentlichung der griechischen Originalausgabe 1988
Originaltitel: Ta delfinakia tou Ambrakikous
Für die deutschsprachige Ausgabe

Titelbild: Szenenfoto aus dem gleichnamigen Film von Dínos Dimópoulos

gesetzt aus der Stempel Garamond 11/13 Punkt
gedruckt auf 100 g 1,5 Vol. Munken Print
Satz: Utesch GmbH, Hamburg
Druck und Bindung: Franz Spiegel Buch, Ulm

ISBN 3-358-02183-1

Wir danken unseren Partnern und Lieferanten!